utb 4311

Eine Arbeitsgemeinschaft der Verlage

W. Bertelsmann Verlag · Bielefeld
Böhlau Verlag · Wien · Köln · Weimar
Verlag Barbara Budrich · Opladen · Toronto
facultas · Wien
Wilhelm Fink · Paderborn
A. Francke Verlag · Tübingen
Haupt Verlag · Bern
Verlag Julius Klinkhardt · Bad Heilbrunn
Mohr Siebeck · Tübingen
Ernst Reinhardt Verlag · München
Ferdinand Schöningh · Paderborn
Eugen Ulmer Verlag · Stuttgart
UVK Verlagsgesellschaft · Konstanz, mit UVK/Lucius · München
Vandenhoeck & Ruprecht · Göttingen
Waxmann · Münster · New York

Philipp Mayer

300 Tipps fürs wissenschaftliche Schreiben

Ferdinand Schöningh

Der Autor:
Philipp Mayer, geboren 1969, studierte Geoökologie an der Universität Bayreuth, promovierte in Forstwissenschaft an der TU München und arbeitete mehrere Jahre im Bereich der Biodiversitätsforschung. Beim Zertifikatslehrgang „Berater für wissenschaftliches Schreiben" von Otto Kruse entdeckte er seine Begeisterung für die prozessorientierte Schreibdidaktik. Das Unternehmen science-textflow gründete er 2007. Heute hat er Lehraufträge an mehreren Universitäten, gestaltet Schreibtrainings für verschiedene Doktorandenprogramme und berät Studierende und Forschende. www.science-textflow.ch

Umschlagabbildung und Illustration: Matthias Berghahn

Online-Angebote oder elektronische Ausgaben sind erhältlich unter
www.utb-shop.de

Bibliografische Information der Deutschen Nationalbibliothek

Die Deutsche Nationalbibliothek verzeichnet diese Publikation in der Deutschen Nationalbibliografie; detaillierte bibliografische Daten sind im Internet über http://dnb.d-nb.de abrufbar.

Internet: www.schoeningh.de

Printed in Germany.
Herstellung: Brill Deutschland GmbH, Paderborn
Einbandgestaltung: Atelier Reichert, Stuttgart

UTB-Band-Nr: 4311
ISBN 978-3-8252-4311-1

Für meine Eltern

Mit euren Fähigkeiten, eurer Zuversicht und eurer Gelassenheit
zeigt ihr mir immer wieder,
dass große Aufgaben kleiner sind
als sie scheinen.

Inhalt

Vorwort

Sie müssen nächste Woche Ihre Masterarbeit abgeben, haben aber noch nichts geschrieben? Na dann gute Nacht. Das können Sie vergessen. Das geht nicht.

Sie möchten jetzt sofort wissen, wie Sie bessere wissenschaftliche Texte schreiben können? Sie möchten Ihre Fähigkeiten entwickeln? Sie sind motiviert, zu reflektieren und zu trainieren? Sie haben noch ein paar Monate Zeit, bis Sie die Abschlussarbeit abgeben müssen? Oder wollen Sie Ihren Text mithilfe einiger Tipps noch besser machen? Super, das ist sehr gut! Dieses Buch ist für Sie.

Die 300 Tipps sind Trittsteine auf dem Weg zum effizienten Schreiben, Trittsteine auf dem Weg zu hochwertigen Texten. Es sind wohldosierte Impulse und verdauliche Häppchen. Wer mehr wissen möchte, soll die zitierten Lehrbücher und Webseiten erkunden.

Ich habe die Tipps nach dem Ablauf des Schreibprozesses geordnet. Was Sie zuerst tun sollten, kommt also auch in diesem Buch zuerst. Bei Kritik, Verbesserungsvorschlägen und Fragen: Schicken Sie mir eine E-Mail (info@textflow.ch).

Legen Sie los. Ich wünsche Ihnen viel Spaß und Erfolg!

Philipp Mayer

30 Tipps für den Start

1.

eines nach dem anderen

Nehmen Sie sich beim Schreiben nicht zu viel auf einmal vor. Wer zuerst Ideen sammelt, dann die Struktur plant, dann die Rohfassung schreibt und schließlich den Text überarbeitet, der kommt schneller voran.

2.

Vorbereitung lohnt sich

Investieren Sie Zeit in die Vorbereitung des Schreibens: Fragen stellen, Zielgruppen definieren, Ideen sammeln, Ideen mit anderen Leuten austauschen, Zusammenhänge aufzeichnen, Kernthesen formulieren, Listen anlegen, Argumentationsketten entwerfen, Gliederungen planen.

3.

das Denken fördern

Schreiben ist veröffentlichtes Denken. Alles was Ihr Denken fördert, fördert auch Ihr Schreiben.

4.

eine gute Idee

Es gibt viele Wege zu guten Ideen. Nutzen Sie die Anregungen von Martin J. Eppler:
http://tinyurl.com/Wege-zur-Idee

5.

Ideen durch die Neukombination von Wissen

Nützliche Ideen entstehen, wenn zwei Voraussetzungen erfüllt sind:

- Ausgeprägtes Wissen ist vorhanden, und zwar nicht nur im jeweiligen Fach, sondern auch in anderen Fächern.

- Die Offenheit und Flexibilität sind vorhanden, Wissenselemente auf neue und originelle Art zu kombinieren.

Vergessen Sie neben der Aneignung von Wissen also die Fähigkeit zur Neukombination nicht. Kultivieren Sie Ihre mentale Offenheit und Flexibilität. Trainieren Sie Kreativitätstechniken.

6.

geeignete Kreativitätstechniken wählen

Beim Schreiben gibt es Suchprobleme (was schreibe ich?) und Analyseprobleme (wie strukturiere ich?). Wählen Sie geeignete Kreativitätstechniken, um diese Probleme zu lösen. Suchprobleme lösen Sie z.B. durch Brainstorming oder Brainwriting. Analyseprobleme lösen Sie z.B. durch Mindmapping oder die Technik der progressiven Abstraktion.

7.

Clustering-Technik nutzen

Nutzen Sie die Clustering-Technik, um Gedanken zu strukturieren und um sich aufs Schreiben vorzubereiten. Informationen über das Clustering finden Sie unter www.gabrielerico.com

8.

Thema: früh eingrenzen und immer wieder anpassen

Investieren Sie in die Themeneingrenzung vor dem Schreiben. Formulieren Sie vorläufige Titel, Fragestellungen, Thesen und Schlussfolgerungen. Überprüfen Sie beim Schreiben immer wieder, ob die vorläufigen Titel, Fragestellungen, Thesen und Schlussfolgerungen angepasst werden müssen.

9.

Themenwahl: Ziele und Lernpotenziale beachten

Das Thema Ihres Schreibprojektes (Dissertation, Forschungsbericht usw.) sollte mindestens den folgenden zwei Anforderungen gerecht werden:

- Dieses Thema bringt Sie näher an Ihre übergeordneten Ziele.
- Bei diesem Thema können Sie etwas Nützliches lernen.

10.

Themen strategisch wählen

Richten Sie die Themenwahl bei der Bachelor- und Masterarbeit an Ihren beruflichen Zielen aus. Zum einen ergeben sich dadurch vielleicht interessante Kontakte. Zum anderen können Sie bei Bewerbungen auf Ihre Arbeiten verweisen.

11.

Frage gut, Antwort gut

Achten Sie auf eine relevante Forschungsfrage. Bei einer relevanten, präzise gestellten Frage ist die Antwort relevant, egal ob sie positiv, negativ oder neutral ausfällt.

12.

einer Befragung aussetzen

Lassen Sie sich befragen, um Klarheit über Ihr Forschungsthema zu erhalten. Beauftragen Sie eine Freundin oder einen Freund, mit Fragen nachzubohren. Einige Beispiele: Was soll genau untersucht werden? Warum soll das untersucht werden? Wie soll das untersucht werden? Wen interessiert das?

13.

Interesse für ein Thema schaffen

Interesse ist notwendig, um konzentriert an einem neuen Thema arbeiten zu können. Schaffen Sie Interesse, indem Sie vor dem eigentlichen Projektstart neugierig das Thema erkunden. Blättern Sie durch Publikationen, überfliegen Sie Webseiten, diskutieren Sie mit Kommilitonen.

14.

schon beim Experimentieren an das Schreiben denken

Denken Sie schon bei der Durchführung der Experimente oder Ihrer Literaturrecherche an die Abschlussarbeit oder die Publikation. Welche Informationen sollte ich aufnehmen? In welcher Reihenfolge kann ich die Informationen anordnen? Welche Darstellungsformen (Abbildungen und Tabellen) sind geeignet?

15.

Zeit fürs Planen und Überarbeiten

Verwenden Sie bei größeren Schreibprojekten ein Drittel Ihrer Zeit fürs Planen, ein Drittel fürs Schreiben und ein Drittel fürs Überarbeiten.

16.

entwerfen und überarbeiten: fifty-fifty

Wenn Sie unter Zeitdruck einen kurzen Text schreiben müssen:

1. Teilen Sie die verfügbare Zeit in zwei Hälften.
2. Entwerfen Sie den Text in der ersten Hälfte der Zeit. Achten Sie dabei auf Schnelligkeit, bleiben Sie am Thema und vermeiden Sie Wiederholungen.
3. Überarbeiten Sie den Entwurf in der zweiten Hälfte der Zeit. Achten Sie jetzt auf Struktur, Wortwahl, Satzbau, Grammatik und Rechtschreibung.

17.

erst strukturieren, dann schreiben

Planen Sie die Gliederungselemente Ihres Textes vom Groben zum Feinen und bis ins Detail (Hauptüberschriften, Teilüberschriften, Kernaussagen der einzelnen Absätze). Beim Schreiben können Sie dann die einzelnen Gliederungselemente nach und nach auffüllen.

18.

mit Listen starten

Stellen Sie Listen zusammen, bevor Sie mit dem Schreiben anfangen. Notieren Sie alle Ideen, die mit dem geplanten Text in Zusammenhang stehen. Ordnen Sie dann die Elemente Ihrer Listen, z.B. nach Ähnlichkeit, Wichtigkeit oder Reihenfolge im Text.

19.

Kurznotizen für die Planung

Nutzen Sie in Windows 7 und 8 das Programm „Kurznotizen“. Die kleinen Notizzettel auf dem Desktop eignen sich hervorragend, um Ideen zu sammeln und um Textstrukturen zu planen.

20.

Unsicherheit akzeptieren

Beim Schreiben des Entwurfes ist alles offen und Unsicherheit stellt sich ein. Akzeptieren Sie diese Unsicherheit. Später, beim Überarbeiten, werden Sie zur gewohnten Sicherheit zurückfinden.

21.

sorgfältig planen

Nehmen Sie sich Zeit für die Planung, egal ob es um Laborversuche, empirische Studien oder einen Literaturvergleich geht (Faustregel: mehr Zeit für die Planung als für die Durchführung). Nur Anfänger starten ohne sorgfältige Planung.

22.

in kleinen Schritten denken

Denken Sie bei der täglichen Arbeit nicht an das große Ziel. Denken Sie nicht daran, den Artikel oder das Buch zu schreiben. Denken Sie in kleinen Schritten. Denken Sie daran, die Informationen zu strukturieren oder die Einleitung zu entwerfen.

23.

früh anfangen

Fangen Sie an zu schreiben, wenn Sie mit der Untersuchung anfangen. Warten Sie nicht, bis die Ergebnisse da sind.

24.

exploratives Schreiben

Schreiben Sie, um zu erkunden. Schreiben Sie, um Forschungsfragen zu präzisieren, um Untersuchungsmethoden zu planen, um Resultate zu ordnen, um Zusammenhänge zu erkennen.

25.

nicht einschüchtern lassen

Schreiben braucht das Selbstbewusstsein, sich von bereits publizierten Texten nicht einschüchtern zu lassen. Lassen Sie Ihr Selbstbewusstsein wachsen, z.B. durch positives und konstruktives Feedback. Hilfreich ist außerdem, den ersten Entwurf ohne Bücher und Artikelkopien zu schreiben.

26.

Mut zeigen

Wissenschaftliches Schreiben braucht Mut: bei der Themenwahl, beim Schreiben, beim Hilfe holen, beim Abgeben. Zeigen Sie, dass Sie mutig sind.

27.

Standpunkt beziehen und diskutieren

Wissenschaftliches Schreiben erfordert einen eigenen Standpunkt und Bezug zu den Meinungen anderer Autoren. Beziehen Sie Position und treten Sie in die (gedankliche) Diskussion mit Ihren Fachkollegen.

28.

Dateien regelmäßig extern speichern

Speichern Sie Ihre Dateien regelmäßig auf einer externen Festplatte, einem Memorystick oder einem Onlinespeicher. Sie können auch mit einem Freund verabreden, ihm Sicherungskopien per E-Mail zu senden. Regelmäßig heißt: mindestens einmal pro Woche, im besten Fall jeden Tag.

29.

Logbuch führen

Notieren Sie täglich Ideen, Ziele, Fragen, Antworten, Erfolge und Niederlagen in ein persönliches Logbuch. Ein Logbuch hilft, sich zu verbessern (und zwar in Bezug auf die Arbeitsqualität, die Effizienz, die Motivation und die Zufriedenheit).

30.

Vorteile sehen und Spaß haben

Wissenschaftliches Schreiben macht Spaß, wenn Sie an den unmittelbaren, sofort wirksamen Nutzen denken: Das Schreiben ordnet Ihre Gedanken.

Empfehlungen zum Weiterlesen

Backerra, H., Malorny, C., Schwarz, W. (2007): Kreativitätstechniken. Dritte Auflage. Carl Hanser Verlag, München.
Esselborn-Krumbiegel, H. (2014): Von der Idee zum Text – Eine Anleitung zum wissenschaftlichen Schreiben. Vierte Auflage. UTB 2334. Ferdinand Schöningh, Paderborn.
Krogerus, M., Tschäppeler, R. (2008): 50 Erfolgsmodelle – kleines Handbuch für strategische Entscheidungen. Kein & Aber, Zürich.
Kruse, O. (2010): Lesen und Schreiben – der richtige Umgang mit Texten im Studium. UTB 3355. UVK Verlagsgesellschaft, Konstanz.
Murray, R. (2013): Writing for academic journals. Third edition. Open University Press, McGraw-Hill Education, Maidenhead.
Rudestam, K.E., Newton, R.R. (2007): Surviving your dissertation – a comprehensive guide to content and process. Third edition. Sage Publications, Thousand Oaks.
Wolfsberger, J. (2009): Frei geschrieben – Mut, Freiheit & Strategie für wissenschaftliche Abschlussarbeiten. UTB 3218. Zweite Auflage. Böhlau Verlag, Wien.

19 Tipps für die Literaturrecherche

31.

hypothesengeleitete Recherche

Formulieren Sie vor einer Internetrecherche eine Hypothese, also eine wahrscheinliche Antwort auf Ihre Frage. Recherchieren Sie dann nach Informationen, welche die Hypothese bestätigen oder widerlegen. So sparen Sie Zeit.

32.

Literaturrecherche: Begriffe einzeln prüfen

Vor dem Verknüpfen mehrerer Suchbegriffe sollten Sie jeden einzelnen Suchbegriff prüfen. Gibt es andere Begriffe mit gleicher oder ähnlicher Bedeutung? Gibt es spezifischere und generellere Begriffe? Wie lauten Übersetzungen in andere Sprachen? Wie viele Treffer erhalte ich in Datenbanken und Suchmaschinen?

33.

Literatursuche mit Schlagwörtern

Wer eine relevante Veröffentlichung gefunden hat, sollte sich die zugeordneten Schlagwörter (engl. subject headings) im Katalog der Bibliothek anschauen. Schlagwörter helfen, weitere relevante Veröffentlichungen zu finden.

34.

Literaturrecherche mit Thesaurus

Nutzen Sie bei der Literaturrecherche einen Thesaurus, um treffende Suchbegriffe zu finden. Ein Thesaurus ist ein Begriffssystem mit definierten Beziehungen zwischen Begriffen. Drei Beispiele:

- http://eurovoc.europa.eu/drupal/
- www.nlm.nih.gov/mesh/

- http://databases.unesco.org/thesaurus/

Nutzen Sie auch die Thesaurus-Funktion von Microsoft Word.

35

Literaturdatenbanken erkunden

Die Literaturrecherche ist einfacher, wenn Sie wissen, wo sich die Recherche lohnt. Verschaffen Sie sich deshalb vor der Recherche einen Überblick über potenziell geeignete Literaturdatenbanken. Fragen Sie Mitstudierende und Bibliothekare. Besuchen Sie Kurse. Erkunden Sie die Funktionen der verschiedenen Datenbanken.

36.

Literaturdatenbanken kennen

Diese drei Literaturdatenbanken sollten Sie kennen: Google Scholar, Scopus, Web of Science. Weitere Datenbanken finden Sie im Datenbank-Infosystem (http://rzblx10.uni-regensburg.de/dbinfo).

37.

nützliche Recherchelinks

Nützliche Links für die Recherche im Internet: http://extremesearcher.com/handbooklinks.html

38.

die Tiefen des Webs erkunden

Das *deep web* bietet mehr als Google. Nutzen Sie die Suchmaschinen und Datenbanken auf http://tinyurl.com/deep-web-research.

39.

Literaturrecherche mit Q-Sensei Scholar

Testen Sie die Suchmaschine http://scholar.qsensei.com. Q-Sensei Scholar bietet die nützliche Funktion „Narrow your Search".

40.

virtuelle Fachbibliotheken nutzen

Nutzen Sie bei der Literaturrecherche virtuelle Fachbibliotheken. Diese Bibliotheken finden Sie z.B. unter www.gbv.de/bibliotheken/vifa-olc-ssg/

41.

Literaturrecherche mit BASE

Testen Sie BASE: www.base-search.net. BASE ist eine leistungsfähige Suchmaschine für frei zugängliche wissenschaftliche Dokumente.

42.

Literaturrecherche in Open Access Repositories

„Open Access Repositories" ermöglichen den kostenlosen Zugriff auf wissenschaftliche Dokumente. Nutzen Sie das „Directory of Open Access Repositories" (www.opendoar.org).

43.

Journal Tables of Contents: komfortabel recherchieren

Durchsuchen Sie aktuelle Journal-Inhaltsverzeichnisse mit www.journaltocs.ac.uk. Ein Benachrichtigungsdienst (→ Help → Following) hilft, auf dem Laufenden zu bleiben.

44.

PubMed-Recherche: nützliche Tools

Suchen Sie Ihre Literatur auf PubMed? Erkunden Sie die „Biomedical Literature Search Tools" auf http://tinyurl.com/biomed-literature-search

45.

GoPubMed

Wer in den Lebenswissenschaften arbeitet, sollte GoPubMed kennen (www.gopubmed.com). GoPubMed ist eine semantische Suchmaschine für die Literaturdatenbank Medline.

46.

Amazon für die Literaturrecherche

Nutzen Sie www.amazon.de oder www.amazon.com neben anderen Datenbanken für die Literaturrecherche. Bei Amazon können Sie Inhaltsverzeichnisse anschauen, Volltexte durchsuchen und Rezensionen lesen. Nützlich ist auch die Anzeige ähnlicher Bücher.

47.

alternative Suchmaschinen

Testen Sie die beiden Suchmaschinen http://blekko.com und https://duckduckgo.com. Blekko verweist auf hochwertige Webseiten, wobei die Bewertungen durch Menschen erfolgen. DuckDuckGo vermeidet Verzerrungen durch personalisierte Suchergebnisse. Außerdem schützt DuckDuckGo die Privatsphäre.

48.

keine Literaturrecherche ohne Dokumentation

Dokumentieren Sie Ihre Literaturrecherche von Anfang an. Welche Datenbanken und Suchmaschinen haben Sie durchsucht? Welche Suchbegriffe haben Sie verwendet? Welche Literaturquellen erscheinen Ihnen relevant?

49.

Desktop-Suche nutzen

Beim Schreiben brauchen Sie einen schnellen Zugriff auf Dateien, die Sie auf Ihrem Computer gespeichert haben. Hilfreich dabei ist die sowohl bei Windows als auch bei Mac OS X verfügbare Desktop-Suche.

Empfehlungen zum Weiterlesen

Hock, R. (2013): The extreme searcher's internet handbook – a guide for the serious searcher. Fourth edition. CyberAge Books, Medford.

Niedermair, K. (2010): Recherchieren und Dokumentieren – der richtige Umgang mit Literatur im Studium. UTB 3356. UVK Verlagsgesellschaft, Konstanz.

Ó Dochartaigh, N. (2012): Internet research skills. Third edition. Sage Publications, London.

27 Tipps fürs Lesen

50.

Tagebuch führen

Notieren Sie Ideen, Informationen, Beobachtungen, Erkenntnisse und Lektüreerfahrungen in einem Forschungstagebuch. Notieren Sie auch persönliche Interpretationen und Bewertungen. Beim Schreiben werden Sie das Tagebuch dankbar als Ideenquelle verwenden.

51.

Literaturarbeit: erst Fragen stellen, dann Notizen machen

Bei der Literaturarbeit sollten Sie zuerst Fragen stellen, die Sie mithilfe der Literatur beantworten möchten. Notieren Sie beim Lesen nur die Informationen, die Beiträge zur Beantwortung der Fragen leisten.

52.

Notizen: Darstellungsformen und Hilfsmittel

Es gibt verschiedene Darstellungsformen, um Informationen *festzuhalten*:

- Fließtext
- Listen
- Konzeptkarten oder andere Visualisierungen.

Es gibt verschiedene Hilfsmittel, um Informationen zu *verwalten*:

- Karteikarten
- Literaturverwaltungsprogramme (z.B. Citavi, EndNote, Mendeley)
- Notizprogramme (z.B. Evernote, OneNote).

Finden Sie heraus, welche Kombination aus Darstellungsform und Hilfsmittel zu Ihnen passt.

53.

Software statt Notizbuch

Um Ideen, Zitate, Textzusammenfassungen, Beobachtungen, Gesprächsergebnisse und Skizzen festzuhalten und wiederzufinden, können Sie eine Notiz-Software verwenden. Empfehlenswert sind Evernote (https://evernote.com) und OneNote (www.onenote.com).

54.

visuelles Wissensmanagement

Möchten Sie Wissen (bzw. Informationen, Konzepte, Zusammenhänge) visualisieren? Geeignete Software finden Sie auf:

- www.mind-mapping.org/full-list.php
- http://en.wikipedia.org/wiki/List_of_concept-_and_mind-mapping_software

55.

Mindmapping für die Dateiverwaltung

Verwalten Sie Ihre Dateien mit einer Mindmapping Software. Im Vergleich zu hierarchischen Ordnerstrukturen sind Mindmaps informativer und schneller erfassbar.

56.

Ein Literaturverwaltungsprogramm lohnt sich!

Entscheiden Sie sich für ein Literaturverwaltungsprogramm und erkunden Sie die wichtigsten Funktionen. Das kostet Zeit, aber bei der Arbeit an längeren wissenschaftlichen Texten lohnt sich der Aufwand.

57.

Literaturverwaltung mit iPhone und iPad

Manche Literaturverwaltungsprogramme bieten iPhone und iPad Apps. Prüfen Sie die Nützlichkeit von Colwiz for iPhone/

iPad, EndNote for iPad, Mendeley for iOS, Papers for iOS, Sente Viewer.

58.

PDF-Dateien ins Literaturverwaltungsprogramm

Publikationen im PDF-Format verwalten Sie komfortabel mit einem modernen Literaturverwaltungsprogramm (z.B. Citavi, EndNote, Mendeley). Beim Import von Publikationen ergänzt das Literaturverwaltungsprogramm automatisch die bibliografischen Angaben. Im Literaturverwaltungsprogramm können Sie Publikationen lesen, Textstellen markieren und Kommentare einfügen.

59.

PDF-Dateien kommentieren

Möchten Sie beim Lesen von PDF-Dateien Kommentare und Hervorhebungen einfügen? Mit Adobe Reader, Foxit Reader (nur Windows) und Skim (nur Mac OS X) ist das kein Problem.

60.

verschiedene Dateiformate öffnen

Ärgern Sie sich manchmal über Dateiformate, die sich auf Ihrem Rechner nicht öffnen lassen? Open Freely, ein kostenloses Programm für Windows, hilft (www.openfreely.com).

61.

ReadCube: Paper lesen, kommentieren, verwalten

Kennen Sie ReadCube (www.readcube.com)? ReadCube ist eine kostenlose Software für das Suchen, Lesen, Kommentieren und Verwalten von Paper-PDFs.

62.
reading: zoom in and out

Lesen Sie flexibel. Passen Sie die Detailschärfe an Ihr Informationsbedürfnis an. Zoomen Sie heran und heraus, wie Sie das beim Betrachten von Landkarten tun.

63.
drei Schritte beim Lesen

Beim Lesen, z.B. in Lehrbüchern, können Sie schrittweise vorgehen:

1. Überfliegen Sie Titel, Untertitel, Zusammenfassungen und Anfangssätze (am Anfang von Kapiteln und Absätzen), um Textaufbau und Schlüsselkonzepte zu erfassen.
2. Legen Sie den Text zur Seite. Rekonstruieren Sie behandelte Inhalte, stellen Sie Beziehungen zwischen Konzepten her, formulieren Sie Fragen an den Text.
3. Lesen Sie den Text sorgfältig und versuchen Sie, die Fragen zu beantworten.

64.
konzentriert lesen

Erhöhen Sie Ihre Konzentration beim Lesen durch

- schnelles Lesen: So wird das Gehirn gefordert und die Gefahr ist geringer, gedanklich abzuschweifen.
- ungestörtes Lesen: Achten Sie darauf, während des Lesens nicht durch Anrufe, Besuche, Lärm usw. gestört zu werden.
- kurzes Lesen: Leseeinheiten von etwa 15 Minuten Dauer sind ideal.

65.
ökonomisch lesen

Achten Sie beim Lesen, beim Beschaffen von Informationen für Ihr Schreibprojekt, auf ein ausgewogenes Verhältnis zwischen Zeitaufwand und Informationsgewinn. Maximaler Informationsgewinn ist nicht das Ziel. Das Ziel ist ein angemessener Informationsgewinn bei angemessenem Zeitaufwand.

66.

schnell lesen lernen

Lernen Sie, schnell zu lesen. Schnelllese-Techniken vermitteln Bücher (z.B. Backwinkel & Sturtz: Schneller lesen), Kurse (z.B. www.improved-reading.de, www.schnell-lesen-lernen.ch) und Computerprogramme (z.B. www.7speedreading.com).

67.

der Computer liest vor

Lassen Sie sich eigene und fremde Texte vom Computer vorlesen. Testen Sie die Sprachausgabe von Adobe Reader (www.adobe.com/de/products/reader.html), Natural Reader (www.naturalreaders.com), Panopreter (www.panopreter.com), Verbose (www.nch.com.au/verbose) und Voice Reader (www.linguatec.net).

68.

kulturelle Unterschiede beachten

Schreiben ist, wie andere Kommunikationsformen auch, eine kulturell geprägte Tätigkeit. Kulturelle Unterschiede bestehen z.B. darin, wie Informationen strukturiert und wie Argumente präsentiert werden. Beim Interpretieren und Bewerten eines Textes sollten Sie deshalb nicht nur die Persönlichkeit/die Erfahrung/das Wissen des Autors beachten, sondern auch seinen kultureller Hintergrund.

69.

neu? richtig? interessant?

Stellen Sie bei der Beurteilung von wissenschaftlichen Texten drei Fragen: Sind die Ergebnisse neu? Sind theoretische Überlegungen, Methoden und Schlussfolgerungen richtig? Ist der Text für die *scientific community* interessant?

70.

erst Methode prüfen, dann zitieren

Zitieren Sie nur Arbeiten mit einwandfreier Untersuchungsmethode. Prüfen Sie, ob die angewandten Methoden ausführlich dargestellt werden, und achten Sie auf die Wahl der Untersuchungsobjekte, auf Vorgehensweisen und Methoden der Auswertung.

71.

Wikipedia zitieren?

Ist es angemessen, Wikipediaartikel in einem wissenschaftlichen Text zu zitieren?

- Nein, das ist nicht angemessen, wenn gleiche oder ähnliche Informationen in Veröffentlichungen mit eindeutigen Autorenangaben enthalten sind (z.B. in Büchern oder in Fachzeitschriftenartikeln). Wikipediaartikel deshalb zu zitieren, weil man zu bequem ist, die Primärliteratur zu beschaffen und zu lesen, ist nicht in Ordnung.
- Ja, es ist angemessen, Wikipediaartikel zu zitieren, wenn die dort präsentierten Informationen nirgendwo sonst zu finden sind. Es ist auch angemessen, die Wikipedia zu zitieren, wenn Sie explizit auf die Darstellung eines bestimmten Sachverhaltes in dieser Internet-Enzyklopädie hinweisen möchten.

72.

paraphrasieren: Umwege lohnen sich

Der schnellste Weg von der fremden Formulierung (im Quellentext) zur eigenen Formulierung (in der Paraphrase) ist nicht der direkte. Denn wer versucht, unmittelbar nach dem Lesen des Quellentextes den eigenen Text zu formulieren, kommt oft nur langsam voran. Umwege über Randnotizen, Zusammenfassungen, Sammlungen wörtlicher Zitate oder Visualisierungen lohnen sich, um das eigene Formulieren vorzubereiten.

73.

Literaturverweise: Nummern erst am Ende vergeben

Literaturverweise nach dem Nummern-System (Vancouver-System) müssen angepasst werden, wenn zusätzliche Referenzen in das Manuskript aufgenommen werden. Es lohnt sich deshalb, im Entwurfstadium mit dem Namen-Datum-System (Harvard-System) zu arbeiten. Diese Literaturverweise können dann bei der Endkorrektur problemlos ins Nummern-System umgewandelt werden. Wenn Sie Fußnoten verwenden, ändern Sie die Verweise bei Mehrfachnennungen auch erst ganz zum Schluss in „ebda".

74.

Urheberrecht kennen

Informieren Sie sich über das Urheberrecht (z.B. auf http://irights.info, www.ige.ch/urheberrecht, www.copyright.gov).

75.

Bewilligung vom Urheber einholen

Für Publikationen gilt: Holen Sie sich eine schriftliche Bewilligung beim Urheber (bzw. beim Inhaber des Urheberrechtes) ein, wenn Sie längere Textpassagen, Grafiken oder Bilder verwenden möchten. Bei Publikationen sind Quellenangaben nicht ausreichend. Anders sieht es bei studentischen Texten aus, die unveröffentlicht bleiben. Für diese Texte sind Quellenangaben ausreichend.

76.

Gedanken reifen lassen

Recherchieren Sie, lesen Sie, grenzen Sie das Thema ein. Lassen Sie dann die Arbeit an Ihrem Schreibprojekt ruhen. Denn Ihr Gehirn verarbeitet und sortiert Informationen auch in den Zeiten, in denen Sie sich nicht aktiv mit Ihrem Schreibprojekt beschäftigen. Gönnen Sie sich diese Inkubationsphase. Danach fließen die Ideen.

Empfehlungen zum Weiterlesen

Backwinkel, H., Sturtz, P. (2007): Schneller lesen. Vierte Auflage. Rudolf Haufe Verlag, Planegg.

Godfrey, J. (2010): Reading and making notes. Pocket Study Skills. Palgrave Macmillan, Houndmills, Basingstoke.

Kruse, O. (2010): Lesen und Schreiben – Der richtige Umgang mit Texten im Studium. UTB 3355. UVK Verlagsgesellschaft, Konstanz.

13 Tipps für Abbildungen und Tabellen

77.

zuerst Abbildungen grob skizzieren

Skizzieren Sie geplante Abbildungen, auch wenn Sie Ihre Untersuchungsergebnisse noch nicht endgültig ausgewertet haben. Die Skizzen helfen beim Schreiben der Rohfassung.

78.

Bild und Botschaft: verschiedene Darstellungsformen prüfen

Das Gehirn lässt sich durch visuelle Signale leicht in die Irre führen. Das macht es so anspruchsvoll, Diagramme, Illustrationen, Zeichnungen und andere Abbildungen zu gestalten, die Botschaften effektiv kommunizieren. Experimentieren Sie deshalb mit verschiedenen Darstellungsformen. Holen Sie sich Rückmeldungen von Kommilitonen und Kommilitoninnen ein. Wählen Sie erst dann die Darstellungsform (bzw. den Diagrammtyp).

79.

Welchen Diagrammtyp wählen?

Welcher Diagrammtyp eignet sich, um meine Daten zu visualisieren? Eignen sich Balkendiagramme, Blasendiagramme oder Scatterplots? Entscheidungshilfen bieten:
http://tinyurl.com/charts-Abela
http://tinyurl.com/charts-labwrite

80.

statistische Diagramme: einheitliche Darstellung

In den statistischen Diagrammen einer wissenschaftlichen Arbeit sollten Sie für Elemente des gleichen Typs (z.B. Achse, Linie, Datenpunkt) die gleiche Darstellungsform verwenden. Unterschiedliche Darstellungsformen sollten Sie nur verwenden, um Unterschiede zu zeigen, nicht um abzuwechseln.

81.

gute statistische Diagramme ...

Gute statistische Diagramme:

- zeigen relevante Sachverhalte
- zeigen komplexe Sachverhalte
- enthalten viele Daten
- enthalten wenig grafische Elemente (Beschränkung auf das Wesentliche)
- sind schnell erfassbar.

82.

Wahrnehmung von Nähe und Ähnlichkeit beachten

Beachten Sie bei der Gestaltung von Abbildungen die Auswirkungen von „Ähnlichkeit" und „räumlicher Nähe" auf die Wahrnehmung.
Ähnlichkeit: Ähnliche oder gleiche Elemente werden beim ersten, spontanen Betrachten als Gruppe wahrgenommen.
Nähe: Nahe beieinanderliegende Elemente werden beim ersten, spontanen Betrachten als zusammengehörig wahrgenommen.

83.

Tabelle: Botschaft und Ordnung

Jede Tabelle sollte eine spezifische Botschaft kommunizieren. Ordnen Sie Tabellenspalten und -zeilen so an, dass diese Botschaft schnell erfassbar ist.

84.

Tabellen optimieren

Gestalten Sie Tabellen leserfreundlich. Prüfen Sie die Anordnung der Variablen in Spalten und Zeilen: Werden Muster und Trends deutlich? Bedenken Sie, dass die meisten Menschen (in unserem Kulturkreis) links mit dem Betrachten der Tabelle beginnen. Präsentieren Sie deshalb das Bekannte, die Ursachen, in links positionierten Spalten. Zeigen Sie das Neue, die Wirkungen, in rechts gelegenen Spalten.

85.

Tabellen: mit Linien geizen

Tabellen sollten nicht an Gitterkäfige erinnern. Versuchen Sie deshalb, mit wenigen Linien auszukommen: Drei horizontale Linien sind meistens ausreichend. Arbeiten Sie mit Weißraum, um Spalten und Zeilen optisch zu trennen.

86.

Abbildungen und Tabellen in Word nummerieren

Eine hilfreiche Funktion in Microsoft Word: Nutzen Sie auf der Registerkarte „Verweise" die Schaltfläche „Beschriftung einfügen", um Abbildungen und Tabellen automatisch zu nummerieren.

87.

Bearbeitung von Fotos: Was ist erlaubt?

Fotobearbeitungsprogramme (z.B. Adobe Photoshop) bieten enorme Möglichkeiten. Ein Foto zur Dokumentation wissenschaftlicher Sachverhalte darf aber nur geringfügig bearbeitet werden. Erlaubt sind Veränderungen der Helligkeit, der Kontraste und der Farben, welche das ganze Foto betreffen. Mehr liegt in der Regel nicht drin.

88.

Abbildungen mit angemessener Auflösung

Achten Sie bei Abbildungen auf eine angemessene Auflösung. Eine zu geringe Auflösung bedeutet Unschärfe. Eine zu hohe Auflösung führt zu übermäßig großen Dateien. Bei Print-Dokumenten sind angemessene Auflösungen für

- Abbildungen aus Linien und/oder Text (nur schwarz und weiß): 1200 ppi (pixels per inch)
- Abbildungen aus Linien und/oder Text (schwarz und weiß) und Grautönen und/oder Farben: 600 ppi
- Fotos (farbig oder schwarz/weiß): 300 ppi.

89.

information is beautiful

Schöne Informationsvermittlung mit wenigen Wörtern: www.informationisbeautiful.net

Empfehlungen zum Weiterlesen

Ballstaedt, S.-P. (2012): Visualisieren – Bilder in wissenschaftlichen Texten. UTB 3508. UVK Verlagsgesellschaft, Konstanz.

Hien, K., Rümpler, S. (2008): Grafische Gestaltung in Naturwissenschaften und Medizin – wissenschaftliche Informationen vermitteln und präsentieren. Springer-Verlag, Berlin, Heidelberg.

Tufte, E.R. (2001): The visual display of quantitative information. Graphics Press, Cheshire.

16 Tipps für die Gliederung

90.

Informationsarchitektur beachten

Wer eine Website entwickelt, macht sich Gedanken über die Informationsarchitektur. Wer einen wissenschaftlichen Text schreiben möchte, sollte sich beim Entwickeln der Gliederung ähnliche Gedanken machen. Was ist die Funktion des Textes? An welche Zielgruppe richtet sich der Text? Welche Informationen lassen sich zu Themenbereichen zusammenfassen? In welcher Reihenfolge werden die Themenbereiche präsentiert? Wie finden eilige Leser die Informationen, die sie suchen?

91.

den Weg durchs Labyrinth finden

Erkunden Sie das Labyrinth Ihres Themas systematisch: Gehen Sie Irrwege, Umwege, Sackgassen, schreiben Sie kurze Übungstexte, zeichnen Sie Schaubilder und führen Sie Gespräche. Wenn Sie den Weg durchs Labyrinth kennen, können Sie die Gliederung planen, die Leserinnen und Leser auf dem einfachsten Weg durchs Labyrinth führt. Und erst dann schreiben Sie die Rohfassung.

92.

der Absatz als Baustein

Betrachten Sie Absätze als Bausteine oder Informationsmodule. Weisen Sie jedem Absatz eine Funktion zu. Die Funktion kann z.B. in Zusammenhang stehen mit der Stützung der These, der Beantwortung der Frage oder der Lösung des Problems. Jeder Absatz sollte nur ein Thema, einen Aspekt, ein Argument oder einen Gedanken behandeln.

93.

Themensatz am Absatzanfang

Nutzen Sie den ersten Satz eines Absatzes, um im sogenannten „topic sentence“ das Thema des Absatzes anzukündigen. Diese Bekanntgaben erleichtern das Strukturieren und damit das Schreiben. Auch die Leser profitieren, denn „topic sentences“ erlauben einen schnellen Überblick.

94.

bewährte Textmuster imitieren

Weil Sie von einem guten Artikel aus einem hochrangigen Journal viel lernen können, lohnt sich eine systematische Analyse. Beantworten Sie für jeden Absatz folgende Frage: „Welchen Zweck verfolgen die Autoren mit diesem Absatz (= Welche Funktion hat dieser Absatz)?“. Mit den Antworten haben Sie eine Strukturvorlage für eigene Artikel.

95.

mit dem Mindmap zur Textstruktur

Zeichnen Sie ein Mindmap, um die Textstruktur zu entwerfen. Vom Thema in der Blattmitte strahlen Äste (für die Kapitel) und Zweige (für die Absätze) nach außen. Ein Mindmap ist schnell gezeichnet, hierarchische und logische Zusammenhänge werden deutlich und Ergänzungen sind problemlos möglich.

96.

mit der Gliederungsansicht zur Textstruktur

Die Gliederungsansicht in Word hilft, Textstrukturen zu planen (in Word 2013 bei „Ansicht“ und „Gliederung“). In der Gliederungsansicht können Sie Gliederungselemente und -ebenen zügig erstellen und innerhalb der Gliederung problemlos navigieren.

97.

mit WorkFlowy planen

Sie arbeiten mit Listen? Planen Sie Ihr Schreibprojekt mit https://workflowy.com

98.

nicht mehr als drei bzw. fünf Elemente

Drei Informationselemente sind schnell zu verstehen und langfristig zu behalten. Beschränken Sie sich bei Texten, Postern, Vorträgen auf drei Kernaussagen.
Fünf Informationselemente sind noch ohne Zählen zu erfassen. Beschränken Sie sich bei kurzen Listen auf fünf Elemente. Unterteilen Sie lange Liste in Gruppen von jeweils höchstens fünf Elementen.

99.

zuerst nach Themen, dann nach Kernaussagen gliedern

Entwickeln Sie zuerst eine themenbezogene Gliederung. Wenn die Literaturstellen erarbeitet und erste Entwürfe zu den einzelnen Gliederungspunkten geschrieben sind, können Sie eine „Kernaussagen-Gliederung" erstellen. Das hilft beim Überprüfen der Argumentationskette und bei der Fokussierung.

100.

Gliederung: Ausprägungen eines Kriteriums beachten

Die Gliederung eines Kapitels in Unterkapitel ist besonders gut nachvollziehbar, wenn die Ausprägungen eines bestimmten Kriteriums die Gliederung vorgeben. Beim Kriterium „Farbe" kommen die Unterkapitel „rote Elemente", „gelbe Elemente", „blaue Elemente" infrage. Beim Kriterium „Ort" sind die Unterkapitel „Situation in Hamburg", „Situation in Berlin", „Situation in München" denkbar.

101.

Frage, Antwort, Argumente

Stellen Sie beim Entwurf der Gliederung eine Frage, geben Sie eine Antwort und nennen Sie Argumente. Die Argumente, sie beruhen auf eigenen und fremden Erkenntnissen, rechtfertigen Ihre Antwort.

102.

zwei Lesergruppen ansprechen

Bauen Sie wissenschaftliche Texte so auf, dass zwei Lesergruppen angesprochen werden. Experten des jeweiligen Fachs sprechen Sie im Kernteil an. Wissenschaftler anderer Disziplinen, und eventuell interessierte Laien, sprechen Sie am Anfang und Ende an.

103.

für Skeptiker schreiben

Stellen Sie sich vor, dass einige Leser Ihres Textes besonders skeptisch sind. Überlegen Sie sich mögliche Fragen dieser Skeptiker und liefern Sie im Text die Antworten.

104.

die imaginäre Leserin schreibt mit

Stellen Sie sich beim Entwerfen der Gliederung und beim Schreiben vor, dass Ihnen eine typische Leserin über die Schultern schaut und fragt: Was hast du gemacht? Was hast du herausgefunden? Was war die Ursache für deine Ergebnisse? Was bedeutet das? Kannst du mir ein Beispiel geben?

105.

später gliedern

Passt es Ihnen nicht, erst die Gliederung zu entwerfen und dann zu schreiben? Sie können auch zuerst einen Entwurf schreiben und dann aus dem Entwurf die Gliederung ableiten. Überprüfen Sie diese Gliederung auf Logik und Übergänge. Und überarbeiten Sie Ihren Entwurf entsprechend.

Empfehlungen zum Weiterlesen

Doumont, J.-L. (2009): Trees, maps, and theorems – effective communication for rational minds. Principiæ, Kraainem.

Katz, M.J. (2009): From research to manuscript – a guide to scientific writing. Second edition. Springer Science + Business Media.

Mayer, P. (2014): 77 mal wissenschaftliches Schreiben – eine Anleitung. Zweite Auflage. Edition 01. Advanced Studies, Universität Basel.

Plümper, T. (2008): Effizient Schreiben – Leitfaden zum Verfassen von Qualifizierungsarbeiten und wissenschaftlichen Texten. Zweite Auflage. Oldenbourg Wissenschaftsverlag, München.

23 Tipps für bestimmte Textsorten

106.

Forschungsberichte: Einleitung strukturieren

Gliedern Sie die Einleitung eines Forschungsberichtes (research article) in drei Absätze. Gliedern Sie die Einleitung eines längeren wissenschaftlichen Textes (z.B. Bachelorarbeit, Masterarbeit, Dissertation) in drei Absatzgruppen (thematisch zusammengehörige Absätze) oder Unterkapitel:

1. Kontext (Relevanz des Themas aufzeigen und Überblick über den aktuellen Forschungsstand geben)
2. Lücke (auf Forschungsbedarf hinweisen oder eine andere Meinung vertreten oder eine Frage aufwerfen)
3. Besetzung der Lücke (Ziele der eigenen Forschungsarbeit vorstellen und/oder zentrale Elemente der Forschungsarbeit/des Textes ankündigen)

107.

Forschungsberichte: Material und Methoden strukturieren

Bei einem Experiment, oder bei mehreren ähnlichen Experimenten zum gleichen Thema, können Sie das Kapitel „Material und Methoden" in die folgenden sieben Einheiten (Absätze oder Absatzgruppen oder Unterkapitel) aufteilen:

1. Untersuchungsobjekte oder -subjekte und/oder Material
2. Vorbereitung der Objekte oder Subjekte, eventuell Vorbereitung des Materials, eventuell Einschluss- und Ausschlusskriterien
3. Studiendesign (Überblicksinformationen zur Forschungsfrage, den Variablen, den Experimenten, den Messmethoden u.a.)
4. Prozeduren (detaillierte Beschreibung des Vorgehens)
5. Messmethoden
6. Berechnungen
7. Datenanalyse (statistische Methoden)

Bei mehreren verschiedenartigen Experimenten können Sie das Kapitel „Material und Methoden" thematisch gliedern. Überschriften (Thema A, Thema B, Thema C) sollten das jeweilige Thema ankündigen. Berücksichtigen Sie in jeder thematischen Einheit die sieben oben genannten Elemente.

108. Forschungsberichte: Ergebnisse strukturieren

Bei einem Experiment, oder bei mehreren ähnlichen Experimenten zum gleichen Thema, können Sie mit dem bedeutsamsten Ergebnis beginnen. Es ist das Ergebnis, das zentral für Ihre Schlussfolgerung ist. Präsentieren Sie die anderen Ergebnisse in einer Reihenfolge abnehmender Bedeutung. Wenn alle Ergebnisse von ähnlicher Bedeutung sind, sollten Sie mit dem ersten Ergebnis beginnen und mit dem letzten enden (chronologische Anordnung).
Bei mehreren verschiedenartigen Experimenten bietet sich eine thematische Strukturierung an. In jeder Einheit (Absatz oder Absatzgruppe oder Unterkapitel) werden die Ergebnisse zu einem Thema vorgestellt. Arbeiten Sie dabei mit den gleichen Themen wie im Kapitel „Material und Methoden". Beschreiben Sie bei jedem Thema zuerst kurz die Frage und das methodische Vorgehen, präsentieren Sie dann die Ergebnisse. Beantworten Sie anschließend die zuvor gestellte Frage.

109. Forschungsberichte: Diskussion strukturieren

Strukturieren Sie die Diskussion eines Forschungsberichtes (research article) in sieben Absätze. Strukturieren Sie die Diskussion eines längeren wissenschaftlichen Textes (z.B. Bachelorarbeit, Masterarbeit, Dissertation) in sieben Absatzgruppen (thematisch zusammengehörige Absätze) oder Unterkapitel:

1. Beschreibung des wichtigsten Ergebnisses
2. Aufzeigen von unerwarteten Ergebnissen
3. Bezug zu anderen, bereits publizierten Untersuchungen (z.B. Vergleich der Ergebnisse)
4. Erklärung der Ergebnisse
5. methodische Limitierungen
6. Verallgemeinerbarkeit der Ergebnisse
7. Schlussfolgerung mit Anwendungshinweisen oder Empfehlungen oder Implikationen oder Spekulationen

110.

der erste Satz des Forschungsberichtes

Zeigen Sie mit dem ersten Satz Ihres Forschungsberichtes, dass Ihr Thema und Ihre Ergebnisse auch für Nicht-Spezialisten interessant sind. Präsentieren Sie diesen Lesern eine interessante Tatsache, eine ungewöhnliche Perspektive oder eine Überraschung.

111.

der letzte Satz des Forschungsberichtes

Es gibt drei effektive Möglichkeiten, einen Forschungsbericht zu beenden.

a) Sie wiederholen das wichtigste Ergebnis (also die Antwort auf die Forschungsfrage).
b) Sie präsentieren Anwendungen, Empfehlungen, Implikationen oder Spekulationen.
c) Sie kombinieren a) und b). Das heißt, Sie nennen das wichtigste Ergebnis und daraus resultierende Anwendungen, Empfehlungen, Implikationen oder Spekulationen.

112.

Abstracts: zwei Typen

Es lassen sich zwei Typen von Abstracts unterscheiden:

- Typ 1 enthält Informationen aus allen Kapiteln einer Arbeit.
- Typ 2 ist kürzer und konzentriert sich auf ausgewählte Aspekte der Arbeit. Bei Typ 2 werden häufig nur die Methoden und die Ergebnisse/die Errungenschaft vorgestellt.

Prüfen Sie für Ihr Schreibprojekt, welcher Typ gefordert wird.

113.

das Abstract: informativ, präzise, klar, kurz

Überarbeiten Sie Ihr Abstract, bis es informativ, präzise, klar und kurz ist. Es ist informativ, wenn eine nachvollziehbare Botschaft vermittelt wird. Es ist präzise, wenn keine Mehrdeutigkeiten enthalten sind. Es ist klar, wenn Leser der jeweiligen Zielgruppe sofort verstehen. Es ist kurz, wenn jedes Wort notwendig ist.

114.

mit Konzepten zur Literaturübersicht

Wenn Sie eine Literaturübersicht (einen review article) schreiben möchten, sollten Sie:

1. zuerst Konzepte entwickeln, die Sie zur Begründung Ihrer These benötigen,
2. dann Teil-Konzepte für jedes einzelne Konzept erarbeiten,
3. danach Konzepte und Teil-Konzepte in eine logische Reihenfolge bringen,
4. zuletzt bei jedem Teil-Konzept Hinweise auf relevante Literaturstellen einfügen.

Erst danach sollten Sie anfangen zu schreiben.

115.

Zutaten für die Literaturübersicht

Für eine Literaturübersicht (review article) benötigen Sie verschiedene Erkenntnisse, Beziehungen zwischen diesen Erkenntnissen und eine eigene Position. Bauen Sie die Erkenntnisse stufenweise aufeinander auf. Knüpfen Sie einen roten Faden, indem Sie immer wieder auf die zentrale Frage zurückkommen.

116.

Literaturübersichten formlos starten

Wenn Sie an einer Literaturübersicht arbeiten, sollten Sie kurze, formlose Texte schon in der Lesephase schreiben. Schreiben Sie regelmäßig und beantworten Sie dabei eine der folgenden Fragen: Was weiß ich über das Forschungsgebiet? Was suche ich in der Literatur? Welche Denkschulen gibt es? Welche Themen werden intensiv diskutiert?

117.

Story und Textebene

Eine Story hat vier Elemente: Einstieg, Problem, Aktion, Lösung. Arbeiten Sie mit diesen Elementen auf der Ebene des Textes: Erzählen Sie von der Einleitung bis zum Schluss eine Story. Schachteln Sie in diese lange Haupt-Story kürzere Teil-Stories. Arbeiten Sie mit den vier Story-Elementen auch auf der Ebene der Kapitel und auf der Ebene der Absätze.

118.

Poster: verschiedene Betrachtungsebenen unterscheiden

Gestalten Sie Ihr Poster so, dass es auf verschiedenen Betrachtungsebenen verschiedene Funktionen erfüllt:

- Ebene 1 (erster Eindruck aus der Ferne): Lenken Sie Aufmerksamkeit auf das Poster durch die Farbverwendung und das Layout.
- Ebene 2 (Überblick): Vermitteln Sie die wesentlichen Informationen mit dem Titel, den Überschriften und den Abbildungen.
- Ebene 3 (Vertiefung): Vermitteln Sie Detailinformationen im Text.

119.

Poster: mit Vorlagen geht es schneller

Verwenden Sie Vorlagen beim Gestalten von Postern. Vorlagen finden Sie im Internet mit den Suchbegriffen „poster template".

120.

Poster mit audiovisuellen Medien aufwerten

Kombinieren Sie Ihr Poster mit audiovisuellen Geräten wie digitalen Bilderrahmen oder MP3-Playern.

121.

Struktur von Anträgen kennen

Anträge, z.B. für Forschungsprojekte oder für Stipendien, enthalten spezifische Elemente oder Module:

1. Zusammenfassung
2. Einleitung
3. Literaturübersicht
4. Problembeschreibung
5. Ziele (mit Hypothesen)
6. Methoden
7. Zeitplan
8. Finanzplan

Wenn Sie diese Elemente kennen, fällt das Schreiben leichter.

122.

überzeugen mit Rhetorik der Antike

Die Rhetorik der Antike hilft auch heute beim Überzeugen. Halten Sie sich bei persuasiven Texten an eine bewährte Struktur:

1. Einleitung
2. Tatsachen über das Problem
3. Beweise für eine bestimmte Einschätzung des Problems und die Richtigkeit einer bestimmten Problemlösung
4. andere Einschätzungen und Problemlösungen, die aus strategischen Gründen genannt werden
5. Schlussfolgerung zur Problemlösung

123.

Leser richtig einschätzen

Effektive Kommunikation gelingt, wenn Sie die Vorkenntnisse der Leser zum Thema und im Fachvokabular richtig einzuschätzen. Justieren Sie sich bei Gesprächen und beim Lesen.

124.

Zielgruppe analysieren

Vor dem Schreiben von Forschungsanträgen, Berichten für Entscheidungsträger, Medienmitteilungen und populärwissenschaftlichen Artikeln sollten Sie die Zielgruppe analysieren. Welche Ausbildung haben typische Vertreter der Zielgruppe? Mit welchen Aufgaben/Fragen/Problemen beschäftigen sie sich? Welche Wertvorstellungen haben sie? Welche Informationen sind für sie nützlich?

125.

Texte für Laien: erst Interesse wecken

Wenn Sie über wissenschaftliche Themen für ein Laienpublikum schreiben, z.B. in Zeitungsartikeln, sollten Sie am Textanfang das Interesse der Leserinnen und Leser wecken. Verknüpfen Sie Ihr Thema mit wichtigen gesellschaftlichen Themen (z.B. Gesundheit, Wirtschaft, Umwelt). Zeigen Sie, wie sich neue Erkenntnisse auf den Alltag der Leserinnen und Leser auswirken. Beschreiben Sie Personen, die vor Problemen stehen, ihre Erfahrungen, Erlebnisse, Stimmungen, und deuten Sie mögliche Problemlösungen durch wissenschaftliche Erkenntnisse an.

126.

den richtigen Ton treffen

Inhaltlich gleiche Aussagen können in verschiedenen Tonalitäten erscheinen. Die gewählten Wörter sind entscheidend. Prüfen Sie deshalb, ob Substantive, Verben und Adjektive dem Ton Ihrer Zielgruppe entsprechen.

127.

an kulturelle Unterschiede denken

Wenn Sie für Leserinnen und Leser aus einer anderen Kultur schreiben, sollten Sie sich folgende Fragen stellen:

- Wie werden Probleme in dieser Kultur gelöst?
- Welche Bedeutung bei der Kommunikation haben Rahmenbedingungen im Vergleich zu Inhalten?
- Werden Botschaften eher direkt oder eher indirekt übermittelt?
- Wie werden Erklärungen und Hintergrundinformationen präsentiert?

128.

Sie üben, die Gesellschaft profitiert

Schreiben Sie zur Übung für eine gemeinnützige Organisation. Schreiben Sie ein Sitzungsprotokoll, einen Projektbericht, eine Pressemitteilung, einen Text für eine Webseite, eine Anleitung zur Bedienung eines technischen Gerätes, ein Kommunikationskonzept. So können Sie verschiedene Textsorten üben und die Gesellschaft kann profitieren.

Empfehlungen zum Weiterlesen

Albert, T. (2009): Winning the publications game – How to write a scientific paper without neglecting your patients. Third edition. Radcliffe Publishing, Oxford.

Davis, M., Davis, K., Dunagan, M. (2012): Scientific papers and presentations – effective scientific communication. Third edition. Academic Press, London.

Fraser, J., Fuller, L., Hutber, G. (2009): Creating effective conference abstracts and posters in biomedicine. Radcliffe Publishing, Oxford.

Hübner, D. (2013): Zehn Gebote für das philosophische Schreiben. Zweite Auflage. UTB 3642. Vandenhoeck & Ruprecht, Göttingen.

Limburg, A., Otten, S. (2011). Schreiben in den Wirtschaftswissenschaften. UTB 3540. Ferdinand Schöningh, Paderborn.

Locke, L.F., Spirduso, W.W., Silverman, S.J. (2013): Proposals that work – a guide for planning dissertations and grant proposals. Sixth edition. Sage Publications, Thousand Oaks.

Ridley, D. (2012): The literature review – a step-by-step guide for students. Second edition. Sage Publications, London.

Woolever, K.R. (2010): Writing for the technical professions. International edition. Fourth edition. Pearson Longman, New York.

Zeiger, M. (2000): Essentials of writing biomedical research papers. Second edition. McGraw-Hill, New York.

129.

Schreibtechniken und -gewohnheiten ernst nehmen

Nehmen Sie Ihre Schreibtechniken und Ihre Schreibgewohnheiten genauso ernst wie Ihre Schreibthemen. Sind Sie zufrieden damit, wie, wo und wann Sie schreiben? Sehen Sie Möglichkeiten zur Verbesserung?

130.

Schreibgewohnheiten prüfen

Prüfen Sie Ihre Schreibgewohnheiten: wann Sie schreiben, wo Sie schreiben, wie Sie Startschwierigkeiten und Motivationskrisen überwinden, wie Sie Rückmeldungen auf Entwürfe einholen und wie Sie Ihre Texte optimieren.

131.

robuste Schreibgewohnheiten aneignen

Wer eine Masterarbeit, eine Dissertation oder ein Buch schreiben möchte, sollte sich robuste Schreibgewohnheiten aneignen. „Schreibgewohnheit" bedeutet, regelmäßig zu schreiben (beispielsweise jeden Werktag von 8 bis 9 Uhr). „Robust" meint, trotz Störungen, Ablenkungen, Ereignissen, Zusatzaufgaben, Müdigkeit und Motivationskrisen zu schreiben.

132.

das Schreiben als Job betrachten

Betrachten Sie das Schreiben der Dissertation, der Master- oder der Bachelorarbeit als einen Job: einen Job mit klaren Zielen, vernünftiger Planung, professionellen Werkzeugen, effizienter Ausführung, regelmäßigen Arbeitszeiten, Feierabend, Wochenende und Ferien.

133.

(Schreib-)Prozesse optimieren

Versuchen Sie nicht selektiv Ihr Zeitmanagement, Ihre Prioritätensetzung oder Ihre Informationsverwaltung zu optimieren. Versuchen Sie ganzheitlich, Arbeitsprozesse zu optimieren. Welche Ziele möchte ich erreichen? Welche Arbeitsschritte gehören dazu? Wie erledige ich die einzelnen Arbeitsschritte schnell und gut? Welches System erinnert mich zuverlässig an Ziele und Arbeitsschritte?

134.

schreiben dürfen versus schreiben müssen

Vergleichen Sie die folgenden Einstellungen:

a) „Ich gönne mir jeden Tag eine Stunde Schreibzeit. Mehr liegt leider nicht drin."

b) „Ich muss jeden Tag mindestens eine Stunde schreiben."

Bei welcher Einstellung sind Sie produktiver?

135.

Schreibsucht kultivieren

Schaffen Sie sich eine Schreibsucht an. Reden Sie sich ein, dass Sie süchtig sind auf das Schreiben wissenschaftlicher Texte: „Wenn ich heute nicht schreiben kann, werde ich schreckliche Laune bekommen".

136.

Logbuch führen

Betrachten Sie die Arbeit an einem längeren wissenschaftlichen Text als Abenteuerreise und führen Sie ein Logbuch. Notieren Sie regelmäßig Position, Hindernisse und erzielte Erfolge.

137.

Ziele setzen, Zeitplan erstellen

Setzen Sie sich konkrete Schreibziele (Welchen Text möchten Sie bis wann fertig stellen?). Unterteilen Sie Ihre Ziele in Zwischenziele (Bis wann soll die Ideensammlung, der Gliederungsentwurf, die Rohfassung fertig sein?). Reservieren Sie Zeitfenster für Ihre Schreibprojekte (Zu welcher Tageszeit, an welchem Wochentag, in welcher Kalenderwoche werden Sie schreiben?). Sprechen Sie mit Kommilitonen, Kollegen, Freunden über Ihre Ziele und Ihren Zeitplan.

138.

planen, protokollieren, plaudern

Planen Sie Ihre Schreibeinsätze (wann? was? wie viel?). Protokollieren Sie Ihre Fortschritte. Plaudern Sie über Einsätze und Fortschritte mit anderen.

139.

Deadline muss sein

Setzen Sie sich bei jedem Text einen Fertigstellungstermin. Das hilft, Prioritäten schon am Anfang richtig zu setzen.

140.

Fertigstellungstermin anschreiben

Schreiben Sie den geplanten Fertigstellungstermin an den Anfang Ihres Manuskriptes (in großen, fetten Ziffern). Der Termin erinnert Sie bei der Arbeit am Text immer wieder daran, dass die Zeit drängt.

141.

Zeitreserven einplanen

Denken Sie daran, dass das Schreiben meistens länger dauert als Sie denken. Addieren Sie bewusst Zeitreserven zum geschätzten Zeitbedarf. Ein Zuschlag von 40 bis 50 Prozent ist angemessen.

142.

ein Motto-Ziel setzen

Wählen Sie als Ziel ein Motto, das spontan positive Gefühle weckt. Formulieren Sie Ihr Motto-Ziel in bildhafter Sprache und in der Gegenwartsform (z.B. „Ich schreibe mich zum Erfolg“, „Ich trainiere regelmäßig für den Schreib-Marathon“).

143.

Online Academic Writing Club

Schauen Sie sich http://academicwritingclub.com an. Wenn Sie mit dem Academic Writing Club Ihre Schreibziele erreichen, ist der Mitgliederbeitrag gut angelegt.

144.

heute planen, morgen schreiben, übermorgen überarbeiten

Wie wäre es mit der folgenden Strategie?
Heute: Ich plane das nächste Arbeitspaket, indem ich Informationen sammle und die Textstruktur skizziere.
Morgen: Ich schreibe den Entwurf und benutze dabei nur meine Unterlagen vom Vortag.
Übermorgen: Ich überarbeite den Entwurf und benutze dabei die Literatur, ein Literaturverwaltungsprogramm, ein Korrekturprogramm, Checklisten usw.

145.

in elf Schritten zur wissenschaftlichen Arbeit

1. Standard-Gliederungspunkte auflisten
2. Ideen zu den einzelnen Gliederungspunkten sammeln
3. Informationen stichwortartig ergänzen (Informationen aus der eigenen Untersuchung für den Methodenteil und die Ergebnisse, Informationen aus der Literatur für die Einleitung und die Diskussion)
4. Abbildungen und Tabellen einfügen
5. ganze Sätze formulieren
6. Sätze thematisch ordnen und Absätze bilden
7. Reihenfolge der Absätze und innere Struktur der Absätze überarbeiten
8. Satzbau und Satzübergänge überarbeiten
9. Wortwahl überarbeiten
10. Literaturhinweise und Literaturverzeichnis korrigieren
11. Grammatik, Rechtschreibung, Zeichensetzung korrigieren

146.

Routine statt Exzesse

Schreiben Sie mit Routine und klaren Zielen: an jedem Werktag X Stunden oder Y Wörter. Das ist sehr viel produktiver, motivierender und gesünder als exzessives Schreiben in der Nacht, am Wochenende oder in den Ferien.

147.

konkretes Arbeitspensum vornehmen

Nehmen Sie sich immer ein konkretes Arbeitspensum vor, wenn Sie für einen bestimmten Zeitraum an Ihrem Schreibprojekt arbeiten. Wenn Sie eineinhalb Stunden Zeit haben, kann das Pensum beispielsweise darin bestehen, die Rohfassung eines Unterkapitels zu schreiben oder drei Seiten zu überarbeiten.

148.

Hochleistungs-Denksport

Wissenschaftliches Schreiben erfordert kognitive Höchstleistungen. Schreiben Sie deshalb nicht lange, sondern kurz (15 Minuten bis zwei Stunden). Und trainieren Sie jeden Tag!

149.

regelmäßig, intensiv, kurz

Sorgen Sie dafür, dass Sie jeden Tag mindestens 30 Minuten schreiben. Wenn Sie 30 Minuten wirklich schreiben, und nicht Informationen sammeln oder vorhandene Textteile überarbeiten, werden Sie erstaunlich schnell vorankommen.

150.

Rohfassung: Fachliteratur und Internetzugang bremsen

Schreiben Sie die Rohfassung nur mit Ihren Notizen und mit dem, was Sie im Kopf haben. Schreiben Sie die Rohfassung an einem Ort, an dem Sie keinen Zugang zur Fachliteratur und zum Internet haben. Sie benötigen diese Informationsquellen erst wieder beim Überarbeiten.

151.

Rohfassung: vorwärts schreiben, nicht zurückschauen

Beim Schreiben der Rohfassung sollten Sie voranschreiten, nicht zurückschauen. Vermeiden Sie Augenbewegungen in Richtung des geschriebenen Textes, vermeiden Sie das Hochrollen des Bildschirms. Eine dabei hilfreiche Webapplikation: http://writeordie.com

152.

quick and dirty

Manche schreiben die Rohfassung mit perfektionistischer Akribie. Gehören Sie dazu, dann arbeiten Sie beim Entwurf einmal „quick and dirty". Das kostet wenig Zeit und nach einer gründlichen Überarbeitung werden Sie über den entstandenen Text staunen.

153.

aus der Blockade sprinten

Aus einer Schreibblockade können Sie sich mit einem Schreibsprint retten. Legen Sie einen Zeitraum fest (z.B. zehn Minuten) und schreiben Sie so schnell Sie können. Nur die Geschwindigkeit zählt beim Schreibsprint, der Inhalt ist egal.

154.

schnelles Schreiben vorbereiten

Wie viele Wörter schaffen Sie eigentlich in 30 Minuten? Natürlich nicht irgendwelche Wörter, sondern zusammenhängender Text für Ihre Rohfassung. – Was, so wenig? Investieren Sie mehr Zeit in die Vorbereitung, planen Sie Ihre Texte sorgfältiger. Dann liegt beim Schnellschreiben mehr drin.

155.

blind schreiben

Schreiben Sie den ersten Entwurf mit geschlossenen Augen oder mit abgedecktem Bildschirm. Das hilft, sich auf das zügige Niederschreiben zu konzentrieren.

156.

Lockerungsübungen

Betrachten Sie erste Entwürfe als Übungen fürs Strukturieren der Gedanken. Das ist genug und mehr brauchen Sie am Anfang gar nicht zu leisten. Und immer schön locker bleiben beim Üben.

157.

Flow erleben

Kennen Sie Flow, das völlige Aufgehen im momentanen Tun? Das gibt es auch beim Schreiben. Es lohnt sich, günstige Bedingungen für einen Schreib-Flow zu schaffen. Setzen Sie sich ein anspruchsvolles, aber erreichbares Nahziel. Sorgen Sie dafür, dass Sie nicht gestört werden. Gehen Sie mit Interesse und Offenheit, mit Ruhe und Konzentration an die Arbeit. Und spüren Sie immer wieder die Freude, die es bereitet, wenn die Finger über die Tastatur fliegen.

158.

erst sprechen, dann schreiben

Besprechen Sie geplante Textinhalte mit einer anderen Person oder mit sich selbst. Das hilft Ihnen, logische Zusammenhänge, Relevanzunterschiede und Reihenfolgen zu erkennen. Starten Sie nach dem Sprechen sofort mit dem Schreiben.

159.

Spracherkennungsprogramme nutzen

Mit einem Spracherkennungsprogramm müssen Sie nicht tippen, sondern können diktieren. Testen Sie die Spracherkennungsfunktion von Windows (bei „erleichterte Bedienung"), Mac OS X (bei „Diktat und Sprache") oder das Programm Dragon NaturallySpeaking.

160.

kein Schreibstau mit Schreibplan

Wenn Sie im Schreibstau stecken, weil Sie vorher nicht überlegt haben, was Sie schreiben möchten, dann sind Sie selber schuld. Entwerfen Sie vor dem Schreiben mit einer detaillierten Gliederung einen Schreibplan.

161.

leichter anfangen

Beim Schreiben fällt das Anfangen leichter, wenn Sie wissen, welche Informationen Sie kommunizieren möchten (Aufgaben: Kernbotschaft definieren, Gliederung planen, Notizen zu Gliederungspunkten machen, den nächsten Satz überlegen). Das Anfangen fällt auch leichter, wenn Sie Selbstvertrauen haben (Aufgaben: relevantes Wissen aneignen, konstruktive Rückmeldungen einholen).

162.

erst verstehen, dann schreiben

Wenn Sie beim Schreiben feststecken, kann das daran liegen, dass Sie den Sachverhalt noch nicht ausreichend verstanden haben. Dann sollten Sie sich Zeit nehmen fürs Nachlesen, Zusammenfassen, Visualisieren und Diskutieren.

163.

Zeichnen hilft, wenn es beim Schreiben klemmt

Wenn Sie beim Schreiben nicht weiterkommen, sollten Sie den Computer ausschalten und Stift und Papier nehmen. In ein Pfeildiagramm zeichnen Sie Argumentationsketten, Einflussfaktoren und/oder Wechselwirkungen. Schreiben Sie erst dann weiter, wenn Sie ein klares Bild vom Textaufbau vor Augen haben.

164.

kritzeln statt warten

Hemmt ein Problem, ein Durcheinander, eine Unklarheit Ihren Schreibfluss? Nehmen Sie ein Blatt Papier und fangen Sie an zu kritzeln. Zeichnen Sie das Problem, zeichnen Sie abstrakte oder konkrete Formen. Zeichnen Sie das, was Ihnen in den Sinn kommt. Betrachten Sie anschließend Ihre Zeichnung und lassen Sie sich von Assoziationen überraschen.

165.

englisch denken, englisch schreiben

Wenn Sie einen Text in englischer Sprache schreiben möchten, sollten Sie alle Notizen und Entwürfe auf Englisch schreiben. Das hilft, in der englischen Sprache zu denken. Und das hilft, in dieser Sprache zu schreiben.

166.

Zerreißprobe erkennen

Gabriela Ruhmann (Schreibzentrum der Ruhr-Universität Bochum) vergleicht das wissenschaftliche Schreiben mit einer Zerreißprobe: Schreiben bedeutet, sich in einem ambivalenten Anforderungsfeld zu bewegen. Dazu zwei Beispiele:

- Die präsentierten Inhalte sollen neu sein und gleichzeitig an das bestehende Wissen anknüpfen.
- Die Aussagen sollen begründet werden und gleichzeitig soll der Text kurz bleiben.

Erkennen Sie diese Zerreißprobe. Lassen Sie sich von ambivalenten Anforderungen nicht blockieren. Gehen Sie einen Weg.

167.

zur richtigen Tageszeit schreiben

Schreiben Sie zu einer Tageszeit, zu der Sie wirklich produktiv sind (z.B. zwischen 9 und 11 Uhr). Wenn am Nachmittag der

Schreibfluss ins Stocken kommt, dann können Sie getrost im Schwimmbad den Sommer genießen, im Fitnessstudio trainieren oder im Café Freunde treffen.

168.

kreativ im Café, effizient im Büro

Beim wissenschaftlichen Schreiben gibt es Phasen, in denen Kreativität gefragt ist. Und es gibt Phasen, in denen vorgegebene Aufgaben möglichst effizient erledigt werden müssen. Das sollten Sie bei der Planung der Arbeitszeit, des Arbeitsortes und beim Umgang mit Schreibhemmungen berücksichtigen.

169.

Rolle und Schreibort wechseln

Schlüpfen Sie beim Schreiben in verschiedene Rollen und verknüpfen Sie diese Rollen mit bestimmen Orten. Auf Ihrem Lehnstuhl sind Sie das schreibwütige Genie, an Ihrem Schreibtisch sind Sie der zielorientierte Realist und am Küchentisch sind Sie der schonungslose Kritiker.

170.

ins Schreibwochenende verreisen

Suchen Sie einen schönen Ort, suchen Sie ein paar nette Studentinnen und Studenten, widmen Sie sich zwei Tage dem Schreiben.

171.

Schreibwerkzeuge wechseln

Kaufen Sie sich ein schönes Notizbuch und einen griffigen Stift. Schreiben Sie mal wieder von Hand.

172.

zwei Bildschirme verwenden

Arbeiten Sie beim Schreiben mit zwei Bildschirmen (oder mit einem zusätzlichen Tablet oder Notebook). Der eine Bildschirm zeigt zu zitierende Texte, Daten oder Notizen. Der andere Bildschirm zeigt Ihren Textentwurf.

173.

Stehpult

Schreiben kann man auch im Stehen. Wechseln Sie zwischen Schreibtisch und Stehpult, um den Körper zu aktivieren und um die Konzentrationsfähigkeit zu steigern.

174.

sitzen bleiben

Beim Schreiben sollte man dem Bedürfnis widerstehen, aufzuspringen und davonzulaufen. Vielleicht hilft die Vorstellung, man sei für die Dauer der Schreibsitzung auf den Stuhl geklebt worden.

175.

Perlen wachsen lassen

Lassen Sie Ihre Texte wachsen so wie Perlen wachsen: Ergänzen Sie bei jeder Sitzung eine weitere Schicht.

176.

offen für Richtungsänderungen sein

Wenn Sie beim Schreiben des Entwurfes eine neue Denkrichtung entdecken, dann sollten Sie dieser Richtung ein paar Absätze lang folgen. Vielleicht führt die neue Richtung direkter zum Ziel als die geplante.

177.

unproduktive Zeiten verkürzen

Was tun gegen unproduktive Zeitfenster? Hier sind vier Tipps:

- Lassen Sie mehrere Schreibprojekte parallel laufen. Geht es in dem einen Projekt nicht weiter, wechseln Sie zum anderen.
- Führen Sie eine Aufgabenliste (to do). Ein Blick auf die Liste genügt, um anstehende Arbeitspakete zu erkennen.
- Nutzen Sie freie Zeit, um Ideen für Ihre Texte zu sammeln.
- Nutzen Sie freie Zeit, um neue Schreibprojekte zu planen.

178.

über das Schreiben sprechen

Sprechen Sie über das wissenschaftliche Schreiben mit Ihren Kommilitonen. Holen Sie sich Tipps und diskutieren Sie darüber, wie der Schreibprozess effizient gestaltet werden kann.

179.

Warum einen Schreibberater suchen?

Suchen Sie sich eine Schreibberaterin oder einen -berater, um:

- Hindernisse zu überwinden
- Neuland zu betreten
- Prioritäten zu setzen
- Ziele mit Entschlossenheit zu verfolgen
- Betriebsblindheit zu vermeiden

180.

neue Impulse durch Feedback

Wer mit seinem Text nicht weiterkommt, sollte ein Feedback einholen. Ein positives, konstruktives Feedback gibt neue Impulse.

181.

Not-to-do-Liste

Pflegen Sie nicht nur eine To-do-Liste, sondern auch eine Not-to-do-Liste. Auf der Not-to-do-Liste notieren Sie Tätigkeiten, die keine Beiträge zum Erreichen Ihrer Ziele leisten.

182.

Prioritäten helfen, wenn die Deadline naht

Wenn es zeitlich knapp wird, müssen Sie Prioritäten setzen. Prioritäten in Bezug auf Arbeit, Familie, Freunde und Hobby. Und Prioritäten in Bezug auf Ihr Schreibprojekt. Unterscheiden Sie notwendige und wünschenswerte Aufgaben. Klar, dass Sie die notwendigen Aufgaben zuerst erledigen.

183.

unvollendete Arbeiten als Konzentrationsräuber

Gedanken an nicht abgeschlossene Arbeiten erschweren das Arbeiten. Erledigen Sie deshalb alles sofort, was schnell geht. Schreiben Sie noch zu vollendende Arbeiten auf Ihre To-do-Liste. Schließen Sie eine Arbeit ab, sobald das Ergebnis gut genug ist.

184.

Multitasking bremst

Das Gehirn kann mehrere bewusste Aufgaben nicht gleichzeitig ausführen, sondern nur zwischen Aufgaben hin und her springen. Weil dieses Springen Zeit und Energie kostet, sollten Sie Aufgaben nacheinander erledigen und Ihre Konzentrationsfähigkeit trainieren.

185.

Internet aus – Gehirn an

Wissenschaftliches Schreiben erfordert sorgfältiges Denken. Das Internet bietet Vieles, kann Ihnen aber nicht diese Denkarbeit abnehmen.

186.

Internetzugriff verhindern

Bremst das Internet Ihren Schreibfluss? Testen Sie http://macfreedom.com. Das Programm verhindert den Internetzugriff für einen festgelegten Zeitraum.

187.

minimalistisch und ablenkungsfrei

Texteditoren ohne Schnickschnack: einfach schreiben.

- FocusWriter: http://gottcode.org/focuswriter
- OmmWriter: www.ommwriter.com
- ZenWriter: www.beenokle.com/zenwriter.html
- Dark Room: http://jjafuller.com/dark-room
- WriteRoom: www.hogbaysoftware.com/products/writeroom

188.

das andere Zeitmanagement

Funktioniert klassisches Zeitmanagement bei Ihnen nicht? Kein Problem, es geht auch anders: Informieren Sie sich unter www.kreative-chaoten.com

189.

Selbstsabotage vermeiden

Verzögern Sie die Arbeit an Ihren Texten immer wieder? Übernehmen Sie Ämter und Verpflichtungen, anstatt Ihre Schreibprojekte voranzubringen? Erledigen Sie unwichtige Dinge, anstatt wichtige Texte zu schreiben? Haben Sie perfektionistische Ansprüche an Ihre Texte? Sabotieren Sie sich nicht selbst!

190.

auf das Anfangen konzentrieren

Konzentrieren Sie sich auf das Anfangen, nicht auf das Fertigwerden. Fangen Sie immer wieder an zu schreiben. Dann werden Sie irgendwann wie von selbst fertig.

191.

Positive Selbstgespräche motivieren!

Positive innere Selbstgespräche sind motivierend. Sagen Sie „ich möchte" und nicht „ich muss". Fragen Sie „Wann kann ich beginnen?" und nicht „Wann muss ich fertig sein?". Betonen Sie „Ich kann mit einem kleinen Schritt anfangen!" und nicht „Der Arbeitsaufwand ist enorm."

192.

der Sinn des Schreibens

Überlegen Sie: Welche sinnvollen Auswirkungen hat mein Schreiben? Denken Sie dabei an andere Menschen und an sich selbst. Diese Überlegungen lohnen sich. Denn wenn der Sinn stimmt, stimmt auch die Motivation.

193.

Motivationstechniken aus dem Sport nutzen

Erhöhen Sie Ihre Motivation fürs regelmäßige Schreiben mit Motivationstechniken aus dem Sport: konkrete und realistische Ziele setzen, feste Trainingszeiten einplanen, Trainingspartner suchen, ein Trainingstagebuch führen, für Abwechslung sorgen, Handlungen geistig vorwegnehmen und Pausen bewusst einplanen. Denn beim Schreiben ist es wie beim Sport: Motivation ist der Schlüssel zum Erfolg.

194.

Motivatoren nutzen

Was gibt Ihnen beim Schreiben Energie? Was macht Ihnen beim Schreiben Freude? Was fördert Ihre Produktivität? Denken Sie zurück und planen Sie entsprechend. Richten Sie Ihre Schreibziele und Arbeitstechniken an Ihren Motivatoren aus.

195.

Motivation durch Beispieltexte

Lesen Sie einen Beispieltext in der Textsorte, in der Sie schreiben möchten. Überlegen Sie, was an diesem Text gut gelungen ist, was verbessert werden könnte und schreiben Sie eine informelle Kritik. Das motiviert für die Arbeit am eigenen Text.

196.

Motivationskrisen nutzen

Bekämpfen Sie Motivationskrisen nicht. Erkunden Sie die Gründe und korrigieren Sie Ihr Vorgehen. Bin ich überarbeitet und brauche deshalb eine Erholungspause? Bin ich überfordert und brauche deshalb Hilfe? Sind meine Ziele unrealistisch und müssen deshalb angepasst werden?

197.

dunkle Wolken ziehen lassen

Stellen Sie sich Ihren Perfektionismus und Ihre Versagensangst als dunkle Gewitterwolken vor. Lassen Sie diese dunklen Wolken vorbeiziehen und konzentrieren Sie sich wieder auf das Schreiben.

198.

Nehmen Sie sich zu viel vor?

Gibt es zu viele Aufgaben, als dass Sie alle erledigen könnten? Das ist ganz normal und kein Problem. Können Sie Aufgaben nicht erledigen, die Sie sich explizit vorgenommen haben? Das ist ein Problem und verursacht Stress. Sinnvolle Gegenmassnahmen:

- weniger vornehmen
- Vereinbarungen mit sich selbst modifizieren (z.B. Aufgaben als optional einstufen)
- Aufgaben erledigen

199.

Energie tanken

Das Schreiben verbraucht mentale Energie. Tanken Sie ab und zu auf (z.B. beim Ausschlafen, Nichtstun, Spazieren).

200.

Pause als Gegenpol

Machen Sie in Pausenphasen das Gegenteil von dem, was Sie in Arbeitsphasen tun. Nach konzentriertem Schreiben lassen Sie in der Pause den Gedanken freien Lauf. Nach der Arbeit am Schreibtisch laufen Sie in der Pause um den Block.

201.

mittags kurz schlafen

Gönnen Sie sich um die Mittagszeit 15 bis 30 Minuten Schlaf. Der Schlaf hilft, Gelerntes zu verankern und erhöht die Leistungsfähigkeit in der zweiten Tageshälfte.

202.

Pausentage planen

Bei umfangreichen Schreibprojekten (Dauer: mehrere Wochen, mehrere Monate oder sogar mehrere Jahre) sollten Sie Pausentage planen, d.h. im Voraus festlegen. Planen Sie Pausen, die zwischen zwei Tagen und zwei Wochen dauern. Gönnen Sie sich diese Erholungszeiten, denn Pausen wirken vorbeugend gegen Motivationsverlust. Geregelte Schreib- und Pausentage sind der Produktivität zuträglicher als ungeregeltes Aufschiebeverhalten.

203.

fit bleiben

Bleiben Sie fit durch regelmäßiges Schreiben. Schreiben Sie auch dann, wenn Sie nicht schreiben müssen.

204.

Schreibspirale

Je mehr Sie schreiben, desto schneller entstehen gute Texte, desto mehr Spaß macht das Schreiben, desto mehr wollen Sie schreiben. Probieren Sie es aus!

205.

hier und jetzt

Beklagen Sie sich nicht über das, was Sie in der Vergangenheit nicht geschrieben haben. Denken Sie nicht daran, was Sie in der Zukunft schreiben müssen. Entscheiden Sie sich, jetzt zu schreiben. Schreiben Sie.

Empfehlungen zum Weiterlesen

Bolker, J. (1998): Writing your dissertation in fifteen minutes a day. Henry Holt and Company, New York.

Fiore, N. (2007): The now habit – A strategic program for overcoming procrastination and enjoying guilt-free play. Penguin Books, New York.

Kearns, H., Gardiner, M. (2009): Defeating self-sabotage – getting your PhD finished. Second edition. ThinkWell, Adelaide.

Kruse, O. (2007): Keine Angst vor dem leeren Blatt – Ohne Schreibblockaden durchs Studium. Zwölfte Auflage. Campus Verlag, Frankfurt am Main.

Nussbaum, C. (2008): Organisieren Sie noch, oder leben Sie schon? Zeitmanagement für kreative Chaoten. Campus Verlag, Frankfurt am Main.

Seiwert, L. (2013): Das neue 1x1 des Zeitmanagements. Elfte Auflage. Gräfe und Unzer, München.

Silvia, P.J. (2007): How to write a lot – a practical guide to productive academic writing. American Psychological Association, Washington, DC.

Steiner, V. (2007): Sich besser konzentrieren heißt … Die wirksamsten Strategien für Studium und Berufsalltag. Vierte Auflage. Pendo Verlag, München, Zürich.

Steiner, V. (2014): Energiekompetenz – produktiver denken, wirkungsvoller arbeiten, entspannter leben. Neunte Auflage. Pendo Verlag, München, Zürich.

22 Tipps für die Zusammenarbeit

206.

Zusammenarbeit: austauschen, abstimmen, akzeptieren

Zusammenarbeit beim Schreiben, z.B. mit Koautoren und Betreuern, gelingt, wenn Sie sich über Ziele intensiv *austauschen*, wenn Sie Ziele und Arbeitsweise aufeinander *abstimmen*, wenn Sie unterschiedliche Schreibstile *akzeptieren*.

207.

Schreibprojekte mit drei bis sechs Personen

Je mehr Personen an einem Schreibprojekt arbeiten, desto zeitaufwendiger sind Absprachen und Diskussionen. Je mehr Personen an einem Schreibprojekt arbeiten, desto geringer ist die Arbeitsbelastung für die Einzelpersonen. Ideal ist es, wenn drei bis sechs Personen zusammenarbeiten.

208.

Teamarbeit? Qualitätsmerkmale definieren!

Wenn gemeinsam Texte entstehen sollen, lohnt es, zu Beginn der Zusammenarbeit Qualitätsmerkmale zu definieren. Welche Beispieltexte von Teammitgliedern sind hochwertig? Was macht die Qualität dieser Beispieltexte aus? Welche Qualitätsmerkmale will das Team berücksichtigen?

209.

Konzept entwerfen und Okay einholen

Die Zusammenarbeit funktioniert besser, wenn Sie vor dem Schreiben ein Konzept entwerfen. Ein Konzept mit der Kernbotschaft des Textes, dem Zeitplan, der detaillierten Gliederung und den Themen der Gliederungspunkte. Senden Sie das Konzept an Koautoren und Betreuer. Fangen Sie erst an zu schreiben, wenn Sie das Okay haben.

210.

sportliches Schreiben im Team

Wenn Teamarbeit beim Schreiben angesagt ist, dann ist Sportsgeist gefragt. Es braucht eindeutige Ziele, klare Spielregeln und faires Feedback. Schauen Sie im Verlauf des Schreibprojektes regelmäßig zurück: Wer ist womit zufrieden? Wer ist womit unzufrieden? Was muss geändert werden?

211.

Schreibmarathon veranstalten

Veranstalten Sie mit anderen Studenten und Studentinnen einen Schreibmarathon. Sie brauchen dafür:

- ein definiertes, für alle relevantes Schreibziel (z.B. 20 Seiten in zwei Wochen)
- regelmäßige Treffen, bei denen die Teilnehmenden von ihren Fortschritten berichten
- motivierende Schreibsessions

212.

Motivation aus der Schreibgruppe

Gründen Sie eine Schreibgruppe und motivieren Sie sich, und andere, zu schreiben. Besprechen Sie bei regelmäßigen Treffen das bisher Erreichte und die nächsten Schreibziele, die Probleme und die Strategien. Sie glauben nicht, dass das wirkt? Dann besuchen Sie doch einmal ein Treffen der Weight Watchers.

213.

mit Betreuern arbeiten

Verbessern Sie die Zusammenarbeit mit Ihrem Betreuer bzw. Ihrer Betreuerin. Das erreichen Sie, indem Sie Erwartungen klären, Informationen teilen, Vereinbarungen einhalten, Engagement zeigen und unterschiedliche Arbeitsweisen berücksichtigen.

214.

Zusammenarbeit mit Betreuungspersonen steuern

Steuern Sie bei der Master- oder Doktorarbeit die Zusammenarbeit mit der Betreuungsperson. Steuern Sie die Terminierung und die Themen von Sitzungen. Steuern Sie die Art und Weise von Rückmeldungen auf Textentwürfe. Proaktives Verhalten hilft Ihnen und erleichtert der Betreuungsperson die Arbeit.

215.

Betreuungsvereinbarung abschließen

Regeln Sie die Zusammenarbeit bei Doktorarbeiten mit einer Betreuungsvereinbarung. Eine Betreuungsvereinbarung enthält:

- die Aufgaben und Pflichten der promovierenden Person (z.B. Vorlage von Teilergebnissen, Teilnahme an Seminaren)
- die Aufgaben und Pflichten der betreuenden Person (z.B. Häufigkeit von Beratungsgesprächen, Förderungsmaßnahmen)

216.

mit Kritik rechnen

Wissenschaftlerinnen und Wissenschaftler sind kritische Menschen. Das gehört zu ihrem Berufsethos. Betreuungspersonen, Gutachter und Herausgeberinnen werden deshalb Ihre Texte kritisieren. Das ist ganz normal. Lassen Sie sich nicht entmutigen. Nutzen Sie Kritik, um besser zu werden.

217.

schreiben ist schwer, kritisieren ist leicht

Vergessen Sie nicht: Beim Schreiben wird Neues geschaffen, beim Kritisieren wird Vorhandenes beurteilt. Schreiben ist schwer, kritisieren ist leicht.

218.

Kritik? Analysieren statt ärgern

Versuchen Sie, Kritik an Ihren Texten nicht auf einer emotionalen Ebene zu betrachten, sondern auf einer analytischen.

219.

Kritik dankbar annehmen

Bedanken Sie sich bei Personen, die Ihre Texte kritisieren. Kritik hilft, Texte zu verbessern. Und Kritik richtet sich (hoffentlich) nicht an Ihre Person, sondern an Ihren Text.

220.

genau zuhören

Wenn jemand über Ihren Text spricht, sollten Sie genau zuhören. Was ist es genau, das dieser Person gefällt? Was sollte nach Ansicht dieser Person verändert werden?

221.

Feedback: erst freiwillig, dann obligatorisch

Bitten Sie zuerst Freunde und Kollegen um ein freiwilliges Feedback auf Ihren Textentwurf. Formulieren Sie dabei spezifische Erwartungen und übernehmen Sie nur Vorschläge, die Sie für sinnvoll erachten. Holen Sie sich dann das obligatorische Feedback vom Chef oder vom Betreuer. Bei gravierenden Veränderungsvorschlägen von dieser Seite schützen Sie Ihren

Text mit sachlichen Argumenten und mit Verhandlungsgeschick.

222.
Rückmeldungen von zwei Personen einholen

Holen Sie Rückmeldungen auf Textentwürfe von mindestens zwei Personen ein. Bitten Sie eine erfahrene Wissenschaftlerin oder einen Wissenschaftler zu kontrollieren, ob die Ergebnisse richtig, die Daten angemessen präsentiert, die gesetzten Ziele erreicht und die Schlussfolgerungen gerechtfertigt sind. Und bitten Sie einen Freund oder eine Freundin, Verständlichkeit, Stil, Grammatik, Rechtschreibung und Zeichensetzung zu prüfen.

223.
Text-Feedback einordnen

Erhaltenes Feedback können Sie folgenden Kategorien zuordnen:

- Komplimente, die keinen Handlungsbedarf auslösen
- kleinere Veränderungsvorschläge, die Sie beachten werden
- grundlegende Kritik, die Sie zum Handeln veranlasst
- Veränderungsvorschläge oder Kritik, die Sie nicht berücksichtigen werden

224.
Feedback geben und profitieren

Geben Sie anderen Studierenden Rückmeldungen auf Textentwürfe. Sie lernen dabei eine ganze Menge für Ihr eigenes Schreiben.

225.

mehr Unabhängigkeit, weniger Schreibhemmungen

Schreibhemmungen können entstehen, wenn Ihr Selbstwertgefühl von der Meinung anderer Personen über Ihren Text abhängt. Ändern Sie deshalb die Perspektive. Werden Sie unabhängig. Fragen Sie sich: Welche Ziele möchte *ich* mit meinem Text erreichen? Wie kann *ich* meine Ideen im Text ausdrücken, damit *ich* meinen Zielen näherkomme? Konzentrieren Sie sich auf *Ihr* Schreiben und nicht auf mögliche Gedanken von anderen Leuten über Ihren Text.

226.

Web-Konferenzen für die Zusammenarbeit

Nutzen Sie Web-Konferenzen bei Team-Schreibprojekten. Kostenlose Webkonferenzen bieten zum Beispiel:

- www.anymeeting.com
- www.http://bigbluebutton.org
- www.http://openmeetings.apache.org

Prüfen Sie, ob Ihre Hochschule eine Lizenz für einen kostenpflichtigen Webkonferenz-Dienst (z.B. Adobe Connect) besitzt.

227.

Webanwendungen für die Zusammenarbeit

Acht Webanwendungen für die Schreibarbeit im Team:

- www.acrobat.com/de_de/products/acrobat_com.html
- https://basecamp.com
- https://onedrive.live.com
- www.fengoffice.com
- www.google.com/intl/de/drive/
- www.mixedink.com
- www.thinkfree.com
- www.zoho.com

Empfehlungen zum Weiterlesen

Kearns, H., Gardiner, M. (2011): The care and maintenance of your adviser. Nature 469: 570.

Mamishev, A.V., Williams, S.D. (2010): Technical writing for teams – The STREAM tools handbook. IEEE Press, Piscataway, John Wiley & Sons, Hoboken.

Wolfe, J. (2010): Team writing – a guide to working in groups. Bedford/St. Martin's, Boston.

55 Tipps für bessere Texte

227.

Überarbeitung: notwendig, aber mühsam

Bedenken Sie, dass alle Textentwürfe überarbeitet werden müssen. Und bedenken Sie, dass es viel Energie kostet, Entwürfe gründlich zu überarbeiten. Leichter fällt das Überarbeiten, wenn Sie

- in regelmäßigen, kurzen Sitzungen am Text arbeiten
- mit Grundsätzlichem (Inhalt, Struktur) anfangen und Spezielles (Grammatik, Rechtschreibung, Zeichensetzung) am Ende verbessern
- Rückmeldungen von Kollegen einholen

229.

Nehmen Sie sich Zeit für die Überarbeitung!

Gute Texte erfordern intensives Überarbeiten. Planen Sie dafür genug Zeit ein.

230.

angemessenes Überarbeiten

Überarbeiten Sie wichtige Texte intensiver als unwichtige. Der Zeitaufwand für Textüberarbeitungen sollte in direktem Verhältnis zur Bedeutung der jeweiligen Texte stehen.

231.

beim Überarbeiten an die Leser denken

Stellen Sie sich beim Überarbeiten Ihres Textes vor, dass die Leserinnen und Leser Ihren Text nach dem Lesen aus dem Gedächtnis noch einmal schreiben müssten. Erleichtern Sie die Rekonstruktion Ihres Textes durch eine übersichtliche Organisation der Kernaussagen.

232.

Feedbacks sparen Zeit

Geben Sie Ihre Textentwürfe aus der Hand. Holen Sie Feedbacks zu konkreten Aspekten Ihrer Entwürfe ein (z.B. fachliche Richtigkeit, Verständlichkeit, Logik der Argumentation, Zeichensetzung). Das hilft Ihnen und spart Zeit bei der Überarbeitung.

233.

lesen, um zu lernen

Lesen Sie, um zu lernen. Lesen Sie, um beim Schreiben besser zu werden. Wie hat es die Autorin geschafft, das komplexe Thema verständlich darzustellen? In welcher Reihenfolge bringt sie die Informationen? Welche Begriffe verwendet die Autorin? Wie geht sie mit Grammatik, Rechtschreibung, Zeichensetzung um?

234.

Zitat und Plagiat

Machen Ihnen Zitate und Plagiate Sorgen? Hilfreiche Informationen finden Sie auf diesen beiden Webseiten:

- www.citewrite.qut.edu.au
- www.plagiarism.org

235.

Selbstplagiate vermeiden

Wer in wissenschaftlichen Texten Materialien aus eigenen, früheren Veröffentlichungen präsentiert, muss auf diese Veröffentlichungen verweisen (mit Literaturverweisen im Text und Quellenangaben im Literaturverzeichnis). Wer auf diese Verweise verzichtet, erzeugt Selbstplagiate. Selbstplagiate sind zu vermeiden, weil sie Erkenntnisfortschritte vortäuschen.

236.

Darstellung: besser konservativ als originell

Versuchen Sie nicht, durch originelle Gliederungen, Formulierungen oder Formatierungen Aufmerksamkeit zu gewinnen. Halten Sie sich besser an Bewährtes. Denn wenn es um die Form der Darstellung geht, sind Wissenschaftler konservativ.

237.

kritisches Denken zeigen

Zeigen Sie in Ihren wissenschaftlichen Texten Ihre Fähigkeit, kritisch zu denken. Achten Sie darauf, Standpunkte ausgewogen zu präsentieren und Aussagen mit eigenen oder fremden Forschungsergebnissen zu stützen. Achten Sie auf Rationalität und Objektivität.

238.

Zuversicht zeigen

Lassen Sie Ihre Texte Zuversicht und Kompetenz ausstrahlen. Übernehmen Sie die Verantwortung für Ihre Schlussfolgerungen.

239.

verständlich strukturieren: zuerst der Überblick und dann die Details

Strukturieren Sie Ihre Texte in einer Form, die den Lesern erst Überblicksinformationen und dann Detailinformationen vermittelt. Diese Regel gilt für den ganzen Text, für Kapitel, Absätze und Sätze. Diese Regel hilft, verständliche Texte zu produzieren.

240.

Ideen-Typ beachten

Schreiben heißt, Ideen zu gruppieren. Beim Schreiben gruppieren Sie Ideen auf der Satzebene, auf der Absatzebene, auf der Kapitelebene und der Textebene. Achten Sie darauf, dass die Ideen einer Gruppe vom gleichen Typ sind, d.h. ähnliche Eigenschaften aufweisen und aus logischer Sicht zusammengehören.

241.

alle Hinweisschilder aufgestellt?

Hinweise auf nachfolgende Textinhalte, die am Anfang von Kapiteln und Absätzen stehen, erhöhen die Verständlichkeit. Prüfen Sie deshalb beim Überarbeiten: Habe ich am Anfang von jedem Kapitel und jedem Absatz die Leser auf das hingewiesen, was folgt? Für diese Hinweise reichen Satzteile oder kurze Sätze mit den jeweiligen Schlüsselbegriffen meistens aus.

242.

Absichten der Lesenden beachten

Schreiber und Leser arbeiten mit unterschiedlichen Absichten an wissenschaftlichen Texten. Schreiber möchten vor allem darstellen, wie Untersuchungen durchgeführt werden und welche (Detail-) Ergebnisse resultieren. Leser möchten vor allem erfahren, warum Untersuchungen durchgeführt werden und welche Schlussfolgerungen resultieren. Beachten Sie beim Schreiben und Überarbeiten die Wünsche der Leser.

243.

guter Stil: etwas zu sagen haben

„Daher nun ist die erste, ja, schon für sich allein beinahe ausreichende Regel des guten Stils diese, dass man etwas zu sagen habe: o, damit kommt man weit!"
Arthur Schopenhauer 1851

244.

Verständlichkeit ist wichtiger als Stil

Streben Sie beim Schreiben nicht nach einem „anspruchsvollen Stil" oder „wissenschaftlichen Stil". Streben Sie nach Verständlichkeit, Präzision und Logik. Dann fällt Ihnen das Schreiben leichter und Ihrem Publikum das Lesen.

245.

aktiv, positiv, konkret

Schreiben Sie in der aktiven Form (z.B. „wir erzielten die Resultate" anstelle von „die Resultate wurden erzielt"), verwenden Sie positive Wendungen (z.B. „die Resultate unterscheiden sich" anstelle von „die Resultate sind nicht gleich") und konkrete Bezeichnungen (z.B. „die Resultate werden in Nature publiziert" anstelle von „die Resultate werden in einer angesehenen Fachzeitschrift publiziert").

246.

kurz, präzise, logisch, einfach

Achten Sie beim wissenschaftlichen Schreiben auf Kürze, Präzision, Logik und Einfachheit. Geizen Sie mit Wörtern, schreiben Sie genau das, was Sie meinen, entwickeln Sie folgerichtige Schlüsse und geben Sie nachvollziehbare Erläuterungen.

247.

Wer hat Angst vor Einfachheit und Klarheit?

Fürchten Sie, dass Ihre Leser von einem einfachen Text auf einen einfachen Schreiber schließen? Fürchten Sie, sich mit einem klaren Text festlegen zu müssen? Diese Befürchtungen sind unbegründet. Leser assoziieren mit klaren Texten klare Denker. Und Unsicherheit und Zweifel kommunizieren Sie besser mit klaren Worten als mit vagen Formulierungen.

248.

rücksichtslos kürzen

Verhalten Sie sich rücksichtslos gegenüber Ihrem Entwurf. Kürzen Sie den Text um jedes unnötige Wort. Streichen Sie aufgeblasene, vage, funktionslose Sätze, Satzteile und Wörter. Kürzen Sie, auch wenn es schwerfällt.

249.

leichter kürzen

Kürzen fällt schwer. Schließlich hat man so viel Zeit und Energie in das Formulieren investiert. Kürzen fällt leichter, wenn Sie zwei Tipps beachten:

- Kürzen Sie den Textentwurf, bevor Sie den Satzbau, die Wortwahl, die Grammatik, die Rechtschreibung, die Zeichensetzung überarbeiten.
- Nutzen Sie „Ausschneiden" und „Einfügen", um entbehrliche Textteile an das Textende zu verschieben. In der Endversion verzichten Sie dann auf diese entbehrlichen Textteile.

250.

nicht zu viel erklären

Erklären Sie in Ihren Texten keine Sachverhalte, welche die Leser schon kennen. Vermeiden Sie Hinweise auf das, was sich die Leser selbst denken können. Lassen Sie Fakten für sich sprechen. Lassen Sie den Lesern Raum zum Denken.

251.

weniger Informationseinheiten → verständlichere Texte

Wie viele Informationseinheiten (Aspekte, Ideen, Resultate, Themen) behandeln Sie pro Struktureinheit (Satz, Absatz, Kapitel)? Beschränken Sie die Anzahl der Informationseinheiten, um die Verständlichkeit zu erhöhen.

252.

thematische Progression

Welches Thema sollen wir in Satz 1 behandeln und welches Thema in Satz 2, um einen kohärenten Text zu erzeugen? Informieren Sie sich über „Thema" und „Rhema" sowie über Typen der thematischen Progression (z.B. auf www.glottopedia.de/index.php/Thematische_Progression).

253.

Satzbau: Thema am Anfang, Gewicht am Ende

Am Satzanfang wird das Thema des Satzes angekündigt. Am Satzende steht der Aspekt, der wichtig ist und/oder betont werden soll.

254.

mittlere Satzlänge: 15 bis 20 Wörter

Der „Oxford Guide to Plain English" empfiehlt eine mittlere Satzlänge von 15 bis 20 Wörtern. Dreiwortsätze sind okay. Und lange Sätze mit über 30 Wörtern sind okay. Aber das arithmetische Mittel sollte zwischen 15 und 20 Wörtern liegen.

255.

Klarheit in langen Sätzen

Zwei Techniken sorgen für Klarheit in langen Sätzen:

- Suchen Sie einen Begriff, der den ersten Satzteil zusammenfasst. Fügen Sie diesen Begriff (im Beispiel: „Vorgehen“) am Anfang des zweiten Satzteils ein. Beispiel: „Viele Autoren trennen das Schreiben vom Überarbeiten, ein Vorgehen, das den Konzepten der modernen Schreibdidaktik entspricht.“
- Wiederholen Sie einen Schlüsselbegriff aus dem ersten Satzteil im zweiten Satzteil. Beispiel: „Bei einem umfangreichen Schreibprojekt wie einer Masterarbeit oder einer Dissertation können sich Blockaden einstellen, Blockaden die, wenn sie nicht aufgelöst werden, die Fertigstellung der Arbeit gefährden.“

256.

Wolf Schneider hilft

Lesen Sie Bücher von Wolf Schneider: „Deutsch fürs Leben – was die Schule zu lehren vergaß“ oder „Deutsch für junge Profis: Wie man gut und lebendig schreibt“ oder „Deutsch! Das Handbuch für attraktive Texte“. Es lohnt sich.

257.

Nebensätze

Bei Nebensätzen rät Wolf Schneider:

- zentrale Informationen in Hauptsätzen kommunizieren, nicht in Nebensätzen
- Nebensätze meistens an Hauptsätze anhängen
- Nebensätze vermeiden, die den Hauptsatz unterbrechen (Einschübe)

258.

keine Angst vor Wiederholungen

Wiederholungen im Satzbau (Parallelkonstruktionen) machen deutlich, dass verschiedene Aussagen auf derselben Ebene des Argumentationsgerüstes stehen. Wiederholungen in der Wortwahl verdeutlichen enge inhaltliche Zusammenhänge. Arbeiten Sie mit Wiederholungen, um die Verständlichkeit Ihrer Texte zu erhöhen. Zwei aufeinanderfolgende Beispielsätze aus einem Ergebnisteil: „Bei 100 °C war das Material grün. Bei 200 °C war das Material blau."

259.

mit Distanz zum Titel

Um einen attraktiven Titel zu finden, braucht es Distanz zum Text. Diese Distanz haben Sie, wenn Sie nach einer längeren Pause Ihren Text mit frischen Augen betrachten. Und diese Distanz haben andere Personen, mit denen Sie über Ihren Text und mögliche Titel sprechen.

260.

geschlechtergerecht formulieren

Verwenden Sie geschlechtergerechte Formulierungen. Geschlechtergerecht sind die Paarformulierung (z.B. Schülerinnen und Schüler), die geschlechtsneutrale Personenbezeichnung (z.B. Studierende) und die Vermeidung von Personenbezeichnungen (z.B. durch die Beschreibung einer Sache anstelle einer Person).

261.

Kommas markieren

Beim Überarbeiten eines Textes ist es hilfreich, alle Kommas mit einem Textmarker zu markieren. Diese Markierungen helfen nämlich, komplexe, schwer verständliche Sätze zu erkennen und zu beseitigen.

262.

nicht unverständlich schreiben

Eine doppelte Verneinung ist schwer verständlich. Besser ist die positive Formulierung: „verständlich schreiben".

263.

Lesbarkeit prüfen

Prüfen Sie die Lesbarkeit Ihrer Texte mit der Flesch-Formel. Empfehlenswerte Webapplikationen: www.leichtlesbar.ch, www.stilversprechend.de, http://read-able.com

264.

Vorsicht bei Adjektiven und Adverbien

Sparen Sie in wissenschaftlichen Texten mit Adjektiven und Adverbien. Adjektive können Sie vermeiden, indem Sie treffende Substantive verwenden. Adverbien können Sie vermeiden, indem Sie treffende Verben verwenden.

265.

mit allgemeinen Substantiven geizen

In jeder Disziplin gibt es Substantive, die so allgemein und abstrakt sind, dass sie wenig aussagen. Verwenden Sie solche abstrakten Substantive sparsam. Bevorzugen Sie stattdessen konkrete Bezeichnungen. Einige Beispiele aus der Ökologie: „Landschaftselemente" ist abstrakt, „Buchen und Tannen" ist konkret; „Umweltveränderung" ist abstrakt, „Gewässerversauerung" ist konkret; „Biodiversität" ist abstrakt, „Anzahl der Insektenarten" ist konkret.

266.

Subjekt zuerst

Das Subjekt setzen Sie am besten an den Satzanfang. Das Verb folgt dem Subjekt im Idealfall unmittelbar.

267.

Substantive benennen Verursacher

Benennen Sie Verursacher von Handlungen oder Bedingungen mit Substantiven. Nutzen Sie Verben, um Handlungen zu beschreiben.

268.

Verben beschreiben Handlungen

Beschreiben Sie Handlungen, Bewegungen, Prozesse, Beziehungen mit Verben, nicht mit Substantiven.

269.

Gutachter und Betreuer akzeptieren verständliche Antworten auf wichtige Fragen.

Gutachter von Fachzeitschriften und Betreuer von Abschlussarbeiten möchten Ihren Text verstehen. Achten Sie deshalb auf eine nachvollziehbare Argumentation, auf Folgerichtigkeit, auf einen einfachen Satzbau und auf aussagekräftige Zusammenfassungen. Und die Gutachter und Betreuer beurteilen die Relevanz des behandelten Themas. Überzeugen Sie deshalb und erklären Sie die Relevanz Ihres Themas für Wissenschaft und Gesellschaft.

270.

Verständliche Texte sind attraktiv!

Leserinnen und Leser möchten Ihr Anliegen verstehen, und zwar schon beim ersten Lesen. Sorgen Sie für Verständlichkeit. Erläutern Sie in der Einleitung die behandelten Fragen und die gewählte Textstruktur, führen Sie die Leser mit Kurzzusammenfassungen und Ausblicken durch den Text, vermeiden Sie unnötige Fremdwörter, achten Sie auf präzise Formulierungen.

271.

Attraktive Texte sind anregend!

Schreiben Sie für den Papierkorb oder möchten Sie, dass Ihre Texte beachtet werden? Durch Fragen, aufgezeigte Widersprüche und Hinweise auf ungelöste Probleme regen Sie zum Mitdenken an. Das macht einen Text attraktiv.

272.

Wagnis

Das Zürcher Textanalyseraster nennt „Wagnis" als Qualitätskriterium. Ein inhaltliches Wagnis geht ein, wer ungewöhnliche Perspektiven oder Positionen einnimmt. Ein formales Wagnis geht ein, wer bei der Wortwahl, dem Satzbau oder der Textstruktur ungewöhnliche Formen wählt. Wagnisse sind riskant, können aber die Relevanz und die Attraktivität von Texten steigern.

273.

Regeln zum Lachen

Die „Rules for Writerers" sind voller Fehler. Das macht sie empfehlenswert.
http://tinyurl.com/rules-writers

274.

English Communication for Scientists

Profitieren Sie vom Online-Guide „English Communication for Scientists" (http://tinyurl.com/communication-for-scientists). Sie finden dort Tipps, Beispiele und Videos.

275.

Schreibkultur englischsprachiger Länder beachten

In englischsprachigen Ländern wird beim wissenschaftlichen Schreiben sehr viel Wert auf Leserfreundlichkeit, Verständlichkeit und Überzeugungskraft gelegt. Das sollten Sie beachten, wenn Sie für amerikanische oder englische Fachzeitschriften schreiben.

276.

write plain English

Schreiben Sie englische Texte klar, prägnant, schlank. Informieren Sie sich unter www.plainenglish.co.uk oder unter www.plainlanguage.gov

277.

amerikanisches oder britisches Englisch?

Wählen Sie beim Schreiben das amerikanische Englisch. Amerikanisches Englisch hat eine einfachere Rechtschreibung und Grammatik als britisches Englisch.

278.

Zeitformen im Englischen

Verwenden Sie drei Zeitformen in englischen wissenschaftlichen Texten.
Simple Present ist geeignet, um anerkannte Tatsachen bzw. bereits veröffentlichte Erkenntnisse wiederzugeben (z.B. tem-

perature decreases with altitude). Verwenden Sie Simple Present auch, um Ergebnisse zu erklären und um Schlussfolgerungen abzuleiten.
Simple Past ist die richtige Zeitform, um eigene Methoden und Ergebnisse zu beschreiben (z.B. spectra were recorded). Simple Past ist auch geeignet, um Methoden und Ergebnisse anderer Autoren darzustellen.
Present Perfect ist geeignet, um vergangene Forschungsaktivitäten zu beschreiben, die in direktem Zusammenhang mit dem gegenwärtigen Kenntnisstand stehen (z.B. few experiments have been carried out).

279.

andere Sprache, andere Kultur

Die Wissenschaftssprache Englisch ist nicht kulturneutral. Wer in nordamerikanischen Fachzeitschriften publizieren möchte, sollte die nordamerikanische Kommunikationskultur kennen und Unterschiede zur eigenen Kultur reflektieren. Typisch für die Kommunikation in Nordamerika sind z.B. lineare Argumentationsmuster (ohne Abschweifungen) sowie direkte und explizite Aussagen.

280.

Fehler suchen mit System

Suchen Sie am Ende des Schreibprozesses systematisch nach Fehlern. Drucken Sie dafür den Text aus, lesen Sie laut, lesen Sie langsam und gleichmäßig, konzentrieren Sie sich auf jeden Satz und jedes Wort. Mit einem nachgeführten Stift können Sie die Konzentration auf einzelne Sätze und Wörter fördern. Die Konzentration auf einzelne Wörter fällt noch leichter, wenn Sie Ihren Text rückwärts lesen.

281.

klarer Anfang und klarer Schluss

Das Ende der Einleitung und der Anfang des Schlussteils werden von vielen Personen zuerst gelesen, um sich rasch einen Überblick über den Textinhalt zu verschaffen. Formulieren Sie diese Textteile deshalb so klar und verständlich wie möglich. Stellen Sie die Forschungsfrage am Ende der Einleitung und geben Sie die Antwort am Anfang des Schlussteils.

282.

starker Abschluss

Formulieren Sie Ihre Schlussfolgerung so stark wie aus fachlicher Sicht vertretbar. Formulieren Sie Ihre Schlussfolgerung so eindeutig wie möglich. Leserinnen und Leser sind dankbar für starke und klare Abschlüsse.

Empfehlungen zum Weiterlesen

Cutts, M. (2007): Oxford guide to plain English. Second edition. Oxford University Press, Oxford.

Esselborn-Krumbiegel, H. (2012): Richtig wissenschaftlich schreiben – Wissenschaftssprache in Regeln und Übungen. Zweite Auflage. UTB 3429. Ferdinand Schöningh, Paderborn.

Kornmeier, M. (2012): Wissenschaftlich schreiben leicht gemacht – für Bachelor, Master und Dissertation. Fünfte Auflage. UTB 3154. Haupt Verlag, Bern.

Minto, B. (2009): The pyramid principle – logic in writing and thinking. Third edition. Pearson Education, Harlow.

Schneider, W. (2007): Deutsch! Das Handbuch für attraktive Texte. Rowohlt Taschenbuch Verlag, Reinbek.

Schneider, W. (2010): Deutsch für junge Profis – Wie man gut und lebendig schreibt. Rowohlt Taschenbuch Verlag, Reinbek.

Schneider, W. (2011): Deutsch fürs Leben – was die Schule zu lehren vergaß. Zwanzigste Auflage. Rowohlt Taschenbuch Verlag, Reinbek.

Strunk, W., White, E.B. (2000). The elements of style. Fourth edition. Longman, New York.

Turabian, K.L. (2013): A manual for writers of research papers, theses, and dissertations. Eighth edition. The University of Chicago Press, Chicago.

Zinsser, W. (2006): On writing well – the classic guide to writing nonfiction. 30th anniversary edition. HarperCollins, New York.

8 Tipps für das Layout

283.

visuelle Verständlichkeit

Verständliche Texte sind nicht nur inhaltlich verständlich, sondern auch visuell verständlich. Visuelle Verständlichkeit ist abhängig vom Layout und von den Abbildungen. Visuelle Verständlichkeit entsteht durch Zugänglichkeit, Überschaubarkeit und Leserlichkeit.

284.

Layout und Wahrnehmung

Beachten Sie beim Layout Ihrer Texte folgende Wahrnehmungsmuster:

- Wir lesen von links nach rechts.
- Wir lesen von oben nach unten.
- Große Objekte erscheinen uns wichtiger als kleine.
- Dicke Linien erscheinen uns wichtiger als dünne.
- Aktive Bereiche, das sind Bereiche in denen etwas passiert, erscheinen uns besonders wichtig.
- Ähnliche, verwandte Elemente erscheinen uns zusammengehörig.

285.

Kontraste setzen

Entweder Sie bleiben bei einer Schriftgröße, einer Schriftart, einer Farbe oder Sie wählen zwei (oder mehr) Schriftgrößen, Schriftarten, Farben, die sich deutlich unterscheiden. Verwenden Sie also nicht Schriftgröße 10 und 12, sondern 10 und 18; nicht Arial und Calibri, sondern Arial und Times New Roman; nicht gelb und orange, sondern orange und blau. Setzen Sie beim Layout Kontraste.

286.

Layout studieren

Welches Layout erscheint Ihnen übersichtlich und attraktiv? Studieren Sie die Gestaltung der Texte, die Sie lesen. Achten Sie dabei auf Schriftart, Schriftgröße, Zeilenabstand, Spaltenbreite, Überschriften, die Einbindung von Abbildungen und Tabellen sowie den Anteil unbedruckter Fläche.

287.

Typografie und Automarke

Unterschiedliche Schriftarten vermitteln unterschiedliche Botschaften. Das zeigen die Webseiten bekannter Automarken. Mercedes-Benz: Eine Schriftart mit deutlichen Serifen („Füßchen") wirkt klassisch und seriös. Audi: Eine serifenlose Schriftart wirkt technisch und dynamisch. Opel: Eine klassische Schriftart, die mit aktuellen Elementen ausgestattet wurde, wirkt traditionsreich und modern.

288.

in LaTeX schreiben

Prüfen Sie das kostenlose Textverarbeitungsprogramm LaTeX (www.latex-project.org). LaTeX trennt die Textproduktion von der Layoutgestaltung und erleichtert die Eingabe von Formeln. Wer die LaTeX-Befehle nicht erlernen möchte, kann LyX nutzen (www.lyx.org). Wer zusammen mit anderen Personen schreibt, sollte WriteLaTeX kennen (www.writelatex.com).

289.

Scribus fürs Layout

Scribus ist ein leistungsfähiges, benutzerfreundliches Layoutprogramm. Kostenloser Download: www.scribus.net

290.

InDesign versus Publisher

Adobe InDesign und Microsoft Publisher sind zwei unterschiedliche Layoutprogramme. InDesign ist ein teures aber leistungsfähiges Profiprogramm. Publisher – Teil der Microsoft Office-Pakete – ist ein Einsteigerprogramm mit reduziertem Funktionsumfang.

Empfehlungen zum Weiterlesen

Tuhls, G.O. (2013): Wissenschaftliche Arbeiten schreiben mit Microsoft Office Word 2013, 2010, 2007, 2003. Zweite Auflage. mitp-Verlag, Frechen.

Wäger, M. (2014): Grafik und Gestaltung – das umfassende Handbuch. Zweite Auflage. Galileo-Press, Bonn.

Williams, R. (2008): The non-designer's design book – design and typographic principles for the visual novice. Third edition. Peachpit Press, Berkeley.

10 Tipps für Ihre Zukunft

291.

Wer fördert meine Forschung?

Es ist nie zu früh, Möglichkeiten der Mitteleinwerbung zu kennen. Erkunden Sie die Webseiten von nationalen und internationalen Organisationen für Forschungsförderung. Fünf Beispiele:

- http://dfg.de
- http://erc.europa.eu
- www.fwf.ac.at
- http://nsf.gov
- www.snf.ch

292.

Ethik beim Forschen und Publizieren

Was ist korrekt, was ist betrügerisch? Betrügerisches und unethisches Verhalten lohnen sich nicht. Die Website „Ethics in Research and Publication" enthält hilfreiche Richtlinien: www.elsevier.com/ethics

293.

Autorenreihenfolge am Anfang festlegen

Definieren Sie die Autorenreihenfolge am Anfang von Publikationsprojekten. Diskutieren Sie mit den Koautoren, ob die Autorenreihenfolge unterschiedliche Beteiligungen (Reihenfolge vom größten zum kleinsten Beitrag) oder gleiche Beteiligungen (alphabetische Reihenfolge) ausdrücken soll. Diskutieren Sie auch die Bedeutung der ersten und der letzten Position.

294.

mehrfach publizieren, Profil entwickeln

Wenn Sie sich in einem bestimmten Forschungsgebiet profilieren möchten, müssen Sie mehrfach publizieren. Behandeln Sie verschiedene Aspekte des Gebietes in verschiedenen Publikationen.

295.

auf Qualität setzen

Was ist günstiger für eine Karriere in der Wissenschaft: viele mittelmäßige oder wenige ausgezeichnete Publikationen? Quantität oder Qualität? Wer Erfolg haben möchte, braucht die Wertschätzung durch Fachkollegen. Wer Erfolg haben möchte, braucht Zitationen seiner Publikationen. Setzen Sie deshalb auf Qualität.

296.

Verlag finden

Um einen Verlag für ein Buchprojekt zu finden, können Sie (a) selbst Verlage suchen (z.B. bei http://tinyurl.com/Verlagsverzeichnis) und kontaktieren oder (b) einen Literaturagenten suchen (z.B. bei http://tinyurl.com/Literaturagenturen) und diesem die Verlagssuche überlassen.

297.

auf Online-Plattformen veröffentlichen

Neben Zeitschriften- und Buchverlagen bieten auch Online-Plattformen Möglichkeiten, Texte zu veröffentlichen. Vier Beispiele:

- figshare: http://figshare.com
- Kindle Direct Publishing: https://kdp.amazon.com
- Scribd: https://de.scribd.com/browse
- Zenodo: https://zenodo.org

298.

Werbung machen

Machen Sie Werbung für Ihre Abschlussarbeit oder Ihre Publikation. Präsentieren Sie Ihre Arbeit auf Konferenzen, verschicken Sie Kopien an Fachkollegen und Industriepartner, informieren Sie Tageszeitungen und andere Medien.

299.

weiter denken, weiter schreiben

Denken Sie weiter. Planen Sie zukünftige Schreibprojekte. Möchten Sie einen Forschungsbericht für ein hochrangiges Journal, eine Literaturübersicht, eine Rezension, ein Fachbuch schreiben? Vieles ist möglich. Welchen Plan Sie umsetzten, liegt in Ihrer Hand.

300.

Experte werden

Es gibt viel zu tun auf dem Weg zur Schreibexpertin/zum Schreibexperten: probieren, trainieren, reflektieren, internalisieren, transformieren. Genießen Sie den spannenden Weg. Freuen Sie sich über Ihre Fortschritte. Und als Experte oder Expertin können Sie dann diese Tippsammlung getrost zur Seite legen.

Empfehlungen zum Weiterlesen

Gabrys, B.J., Langdale, J.A. (2011): How to succeed as a scientist – from postdoc to professor. Cambridge University Press, Cambridge.

Greene, R. (2014): The concise mastery. Profile Books, London.

Riedenauer, M., Tschirf, A. (2012): Zeitmanagement und Selbstorganisation in der Wissenschaft – ein selbstbestimmtes Leben in Balance. UTB 3668. facultas.wuv, Wien.

Stock, S., Schneider, P., Peper, E., Molitor, E. (Hrsg., 2014): Erfolgreich promovieren – ein Ratgeber von Promovierten für Promovierende. Dritte Auflage. Springer Gabler, Berlin, Heidelberg.

Quellennachweis

Albert, T. (2009): Winning the publications game – How to write a scientific paper without neglecting your patients. Third edition. Radcliffe Publishing, Oxford. Tipp 221

Allen, D. (2001): Getting things done – The art of stress-free productivity. Penguin Books, New York. Tipps 133, 183, 198

Backerra, H., Malorny, C., Schwarz, W. (2002): Kreativitätstechniken. Zweite Auflage. Carl Hanser Verlag, München, Wien. Tipp 6

Backhaus, N., Tuor, R. (2010): Leitfaden für wissenschaftliches Arbeiten. Siebte Auflage. Schriftenreihe Humangeographie, Band 18. Geographisches Institut der Universität Zürich. Tipp 100

Backwinkel, H., Sturtz, P. (2007): Schneller lesen. Vierte Auflage. Rudolf Haufe Verlag, Planegg. Tipps 64, 65

Ballstaedt, S.-P. (2012): Visualisieren – Bilder in wissenschaftlichen Texten. UTB 3508. UVK Verlagsgesellschaft, Konstanz. Tipp 82

BCCC Tutoring Center: Revision and proofreading – how to revise your own writing. http://www.bucks.edu/media/bcccmedialibrary/pdf/RevisionandProofreadingJuly08_000.pdf Tipp 280

Beer, D.F., McMurrey, D.A. (2005): A guide to writing as an engineer. Second edition. John Wiley & Sons, Hoboken. Tipp 230

Bem, D.J. (1995): Writing a review article for Psychological Bulletin. Pychological Bulletin 118 (2): 172-177. Tipp 258

Bolker, J. (1998): Writing your dissertation in fifteen minutes a day. Henry Holt and Company, New York. Tipp 129

Booth, W.C., Colomb, G.G., Williams, J.M. (2003): The craft of research. Second edition. The University of Chicago Press, Chicago. Tipp 99

Bundesverwaltungsamt: Sprachliche Gleichbehandlung von Frauen und Männern. http://tinyurl.com/sprachliche-Gleichbehandlung Tipp 260

Copus, J. (2009): Brilliant writing tips for students. Pocket study skills. Palgrave Macmillan, Houndmills, Basingstoke. Tipp 255

Cutts, M. (2007): Oxford guide to plain English. Second edition. Oxford University Press, Oxford. Tipps 247, 254

Dang, S.: Science reporting basics. http://berkeleysciencereview.com/join/writing-positions/science-reporting-basics/ Tipp 125

Davis, M. (2005): Scientific papers and presentations. Second edition. Academic Press, San Diego. Tipps 104, 158

Deutsche Forschungsgemeinschaft: Empfehlungen für das Erstellen von Betreuungsvereinbarungen. www.dfg.de/download/programme/graduiertenkollegs/sonstige_vordrucke/1_90/1_90.pdf Tipp 215

Dodd, J.S. (ed., 1997): The ACS style guide – a manual for authors and editors. American Chemical Society, Washington, DC. Tipp 69

Doumont, J.-L. (2009): Trees, maps, and theorems – effective communication for rational minds. Principiæ, Kraainem. Tipps 98, 242

Elbow, P. (2008): The direct writing process for getting words on paper. In Harty, K.J. (ed.): Strategies for business and technical writing. Sixth edition. Pearson Longman, New York, p. 21-25. Tipp 16

Fink, A. (2005): Conducting research literature reviews – from the internet to paper. Second edition. Sage Publications, Thousand Oaks. Tipp 70

Fiore, N. (1996): Wenn nicht jetzt, wann dann? So überlisten Sie Ihre „Auschieberitis". Zweite Auflage. mvg-verlag, Landsberg am Lech. Tipps 22, 190, 191

Flower, L., Ackerman, J. (2008): Evaluating and testing as you revise. In Harty, K.J. (ed.): Strategies for business and technical writing. Sixth edition. Pearson Longman, New York, p. 26-38. Tipp 231

Franck, N. (2008): Lust statt Last – wissenschaftliche Texte schreiben. In Franck, N, Stary, J. (Hrsg.): Die Technik wissenschaftlichen Arbeitens. Vierzehnte Auflage. UTB 724. Ferdinand Schöningh, Paderborn. S. 117-178. Tipp 244

Fraser, J. (2008): How to publish in biomedicine – 500 tips for success. Second edition. Radcliffe Publishing, Oxford. Tipp 15

Fraser, J., Fuller, L., Hutber, G. (2009): Creating effective conference abstracts and posters in biomedicine. Radcliffe Publishing, Oxford. Tipps 120, 222

Frey, P.A. (2013): Guidelines for writing research papers. Biochemistry and Molecular Biology Education 31(4): 237–241. Tipp 73

Glasman-Deal, H. (2010): Science research writing – for non-native speakers of English. Imperial College Press, London. Tipp 112

Godfrey, J. (2010): Reading and making notes. Pocket Study Skills. Palgrave Macmillan, Houndmills, Basingstoke. Tipps 51, 52, 62

Gottschling, S. (2010): Einfach besser texten – Techniken für professionelles Schreiben. Vierte Auflage. Gabal Verlag, Offenbach. Tipps 126, 261

Greene, R. (2014): The concise mastery. Profile Books, London. Tipp 5

Hart, C. (2001): Doing a literature review – a comprehensive guide for the social sciences. Sage Publications, London. Tipp 204

Heimes, S. (2011): Schreiben im Studium – das PiiP-Prinzip. UTB 3457. Vandenhoeck & Ruprecht, Göttingen. Tipp 76

Heister, W. (2007): Studieren mit Erfolg – effizientes Lernen und Selbstmanagement. Schäffer-Poeschel Verlag, Stuttgart. Tipp 141

Hock, R. (2013): The extreme searcher's internet handbook – a guide for the serious searcher. Fourth edition. CyberAge Books, Medford. Tipp 37

Journal Prep: How to write and publish a research paper – 101 tips from JournalPrep.com. www.journalprep.com/en/how-to-write-and-publish-a-research-paper.php Tipp 21

Katz, M.J. (2009): From research to manuscript – a guide to scientific writing. Second edition. Springer Science + Business Media. Tipps 24, 145

Kearns, H., Gardiner, M. (2009): Defeating self-sabotage – getting your PhD finished. Second edition. ThinkWell, Adelaide. Tipp 189

Kearns, H., Gardiner, M. (2011): The care and maintenance of your adviser. Nature 469: 570. Tipp 214

Kehr, H.M. (2009): Authentisches Selbstmanagement. Beltz Verlag, Weinheim und Basel. Tipp 194

Kirkman, J. (2008): Good style – writing for science and technology. Second edition. Routledge, London. Tipps 123, 251

Klein, S. (2010): Zeit – der Stoff aus dem das Leben ist. Eine Gebrauchsanleitung. Zweite Auflage. Fischer Verlag, Frankfurt am Main. Tipp 184

Knaus, B.: Ten top tips to end writer's block procrastination. www.psychologytoday.com/blog/science-and-sensibility/201006/ten-top-tips-end-writer-s-block-procrastination Tipp 225

Knisely, K. (2009): A student handbook for writing in biology. Third edition. Sinauer Associates, Sunderland. Tipp 63

Kosslyn, S.M. (1994): Elements of graph design. W.H. Freeman and Company, New York. Tipp 78

Krogerus, M., Tschäppeler, R. (2008): 50 Erfolgsmodelle – kleines Handbuch für strategische Entscheidungen. Achte Auflage. Kein & Aber, Zürich. Tipps 9, 223

Kruse, O. (2007): Keine Angst vor dem leeren Blatt – ohne Schreibblockaden durchs Studium. Zwölfte Auflage. Campus Verlag, Frankfurt am Main. Tipp 275

Kruse, O. (2010): Lesen und Schreiben – der richtige Umgang mit Texten im Studium. UTB 3355. UVK Verlagsgesellschaft, Konstanz. Tipp 20

Kumbier, D., Schulz von Thun, F. (Hrsg., 2008): Interkulturelle Kommunikation – Methoden, Modelle, Beispiele. Zweite Auflage. Rowohlt Taschenbuch Verlag, Reinbek. Tipp 68

Lester, M.C.: Five tips for better team writing. http://career-advice.monster.com/in-the-office/workplace-issues/five-tips-for-better-team-writing/article.aspx Tipp 208

Limburg, A., Otten, S. (2011): Schreiben in den Wirtschaftswissenschaften. UTB 3540. Ferdinand Schöningh, Paderborn. Tipp 144

Locke, L.F., Spirduso, W.W., Silverman, S.J. (2007): Proposals that work – a guide for planning dissertations and grant proposals. Fifth edition. Sage Publications, Thousand Oaks. Tipp 114

Marsen, S. (2007): Professional writing – the complete guide for business, industry and IT. Second edition. Palgrave Macmillan, Houndmills, Basingstoke. Tipp 195

Mayer, P. (2014): 77 mal wissenschaftliches Schreiben – eine Anleitung. Zweite Auflage. Edition 01. Advanced Studies, Universität Basel. Tipp 236

McMillan, V.E. (2006): Writing papers in the biological sciences. Fourth edition. Bedford/St. Martin's, Boston. Tipps 156, 162, 238

McMurrey, D.: Online technical writing. www.prismnet.com/~hcexres/textbook/ Tipp 241

Minto, B. (2009): The pyramid principle – logic in writing and thinking. Third edition. Pearson Education, Harlow. Tipps 239, 240

Morrell, K.: Doing a PhD in the social sciences – myths, tips and strategies. www.kevinmorrell.org.uk/PhDTips.htm#Top Tipp 213

Murray, R. (2009): Writing for academic journals. Second edition. Open University Press, McGraw-Hill Education, Maidenhead. Tipps 130, 218

Niedermair, K. (2010): Recherchieren und Dokumentieren – der richtige Umgang mit Literatur im Studium. UTB 3356. UVK Verlagsgesellschaft, Konstanz. Tipp 34

Nöllke, M. (2006): Kreativitätstechniken. Fünfte Auflage. Haufe Verlag, Planegg. Tipp 169

Nussbaum, C. (2008): Organisieren Sie noch, oder leben Sie schon? Zeitmanagement für kreative Chaoten. Campus Verlag, Frankfurt am Main. Tipp 188

Pelli, D.G.: Advice for scientific writing. www.psych.nyu.edu/pelli/style.html Tipp 77

Provost, G. (1985): 100 ways to improve your writing. Mentor, New York. Tipp 233

Ridley, D. (2008): The literature review – a step-by-step guide for students. Sage Publications, London. Tipp 116

Rosei, F., Johnston, T. (2006): Survival skills for scientists. Imperial College Press, London. Tipp 103

Rowley, J., Hartley, R. (2008): Organizing knowledge – an introduction to managing access to information. Fourth edition. Ashgate Publishing Limited, Farnham. Tipp 32

Rudestam, K.E., Newton, R.R. (2007): Surviving your dissertation – a comprehensive guide to content and process. Third edition. Sage Publications, Thousand Oaks. Tipps 18, 264

Ruhland, E., Reiter, B. (2011): Gute Gestaltung – einfache Designregeln für Grafik, Foto, Web. Addison-Wesley Verlag, München. Tipp 287

Sauer, C.: Visualisierung inbegriffen – Textüberarbeitung und Umgestaltung. http://www.prowitec.rwth-aachen.de/p-publikationen/band-pdf/band1/band1_sauer.pdf Tipp 283

Scheuermann, U. (2011): Die Schreibfitness-Mappe. Linde Verlag, Wien. Tipps 192, 200, 249

Schimel, J. (2012): Writing science – How to write papers that get cited and proposals that get funded. Oxford University Press, New York. Tipps 117, 295

Schneider, W. (2007): Deutsch! Das Handbuch für attraktive Texte. Rowohlt Taschenbuch Verlag, Reinbek. Tipp 256

Schneider, W. (2010): Deutsch für junge Profis: Wie man gut und lebendig schreibt. Rowohlt Taschenbuch Verlag, Reinbek. Tipp 256

Schneider, W. (2011): Deutsch fürs Leben – was die Schule zu lehren vergaß. Zwanzigste Auflage. Rowohlt Taschenbuch Verlag, Reinbek. Tipps 256, 257

Schopenhauer, A.: Ueber Schriftstellerei und Stil. http://aboq.org/schopenhauer/parerga2/stil.htm Tipp 243

Scitext Cambridge: Principles of science writing. www.scitext.com/writing.php Tipp 91

Sieber, P.: Kriterien der Textbewertung am Beispiel Parlando. http://textlinguistik.pbworks.com/w/file/fetch/52628080/sieber%20textbewertung.pdf Tipp 272

Siepmann, D. (2012): Wissenschaftliche Texte auf Englisch schreiben – Leitfaden für die Praxis. Ernst Klett Sprachen, Stuttgart. Tipp 279

Silvia, P.J. (2007): How to write a lot – a practical guide to productive academic writing. American Psychological Association, Washington, DC. Tipps 146, 160, 212

Skern, T. (2009): Writing scientific English – a workbook. UTB 3112. facultas.wuv, Wien. Tipp 277

Steiner, V. (2006): Energiekompetenz – produktiver denken, wirkungsvoller arbeiten, entspannter leben. Sechste Auflage. Pendo Verlag, München und Zürich. Tipp 199

Steiner, V. (2006): Sich besser konzentrieren heißt... Die wirksamsten Strategien für Studium und Berufsalltag. Vierte Auflage. Pendo Verlag, München, Zürich. Tipp 13

Stock, S., Schneider, P., Peper, E., Molitor, E. (Hrsg., 2009): Erfolgreich promovieren – ein Ratgeber von Promovierten für Promovierende. Zweite Auflage. Springer Verlag, Berlin. Tipp 197

Storch, M.: Motto-Ziele, S.M.A.R.T.-Ziele und Motivation. www.rheinisches-forum.de/assets/applets/mottoziele_smart-ziele_motivation_k.pdf Tipp 142

Straker, D.: Doodling. http://creatingminds.org/tools/doodling.htm Tipp 164

Swales, J.M. (1990): Genre analysis – English in academic and research settings. Cambridge University Press, Cambridge. Tipps 106, 109

Tufte, E.R. (2001): The visual display of quantitative information. Graphics Press, Cheshire. Tipp 81

Turabian, K.L. (2007): A manual for writers of research papers, theses, and dissertations. Seventh edition. The University of Chicago Press, Chicago. Tipps 33, 80, 176, 266

Valiela, I. (2009): Doing science – design, analysis, and communication of scientific research. Second edition. Oxford University Press, New York. Tipp 84

Wager, E. (2010): Getting research published – an A to Z of publication strategy. Second edition. Radcliffe Publishing, Oxford. Tipp 207

Wager, E., Godlee, F., Jefferson, T. (2002): How to survive peer review. BMJ Books, London. Tipp 11

Wallace, M., Wray, A. (2006): Critical reading and writing for postgraduates. Sage Publications, London. Tipp 101

Walters, M.W. (2009): Write an effective funding application – A guide for researchers and scholars. The Johns Hopkins University Press, Baltimore. Tipp 161

Wehrle, M.: Die 10 besten Gründe, einen Coach zu buchen. www.zehn.de/die-10-besten-gruende-einen-coach-zu-buchen-166608-0 Tipp 179

Wesley, J.: Overcoming a loss of motivation. www.picktheb-rain.com/blog/overcoming-the-loss-of-motivation-that-follows-a-surge-of-productivity/ Tipp 196

Williams, J.M. (1990): Style – toward clarity and grace. The University of Chicago Press, Chicago. Tipps 253, 267, 268

Williams, R. (2008): The non-designer's design book – design and typographic principles for the visual novice. Third edition. Peachpit Press. Berkeley. Tipp 285

Wolfsberger, J. (2009): Frei geschrieben – Mut, Freiheit & Strategie für wissenschaftliche Abschlussarbeiten. Zweite Auflage. Böhlau Verlag, Wien. Tipps 26, 211

Woolever, K.R. (2010): Writing for the technical professions. International edition. Fourth edition. Pearson Longman, New York. Tipps 122, 127, 128, 284

Zeiger, M. (2000): Essentials of writing biomedical research papers. Second edition. McGraw-Hill, New York. Tipps 107, 108, 111

Zinsser, W. (2006): On writing well – the classic guide to writing nonfiction. 30th anniversary edition. HarperCollins, New York. Tipp 250

Letzter Zugriff auf die im Buch genannten Webseiten: 3. November 2014.